ESPERANZA MÁS ALLÁ DE LOS ELEGIDOS

Revisando las Perspectivas Cristianas Primitivas Sobre la Profecía y la Salvación

JONATHAN RAMACHANDRAN

ESPERANZA MÁS ALLÁ DE LOS ELEGIDOS

Revisando las Perspectivas Cristianas Primitivas Sobre la Profecía y la Salvación

Jonathan Ramachandran

Christian Publishing House
Cambridge, Ohio

Copyright © 2025 Jonathan Ramachandran

All rights reserved. Except for brief quotations in articles, other publications, book reviews, and blogs, no part of this book may be reproduced in any manner without prior written permission from the publishers. For information, write, support@christianpublishers.org

ESPERANZA MÁS ALLÁ DE LOS ELEGIDOS: Revisando las Perspectivas Cristianas Primitivas Sobre la Profecía y la Salvación por Jonathan Ramachandran

ISBN-13: **978-1-949586-44-2**

Tabla de Contenido

AGRADECIMIENTOS...8

INTRODUCCIÓN..9

CAPÍTULO 1 ¿Esperanza para los No Elegidos? Explorando la Salvación Más Allá de los Elegidos.. 11

CAPÍTULO 2 La División de los 1000 Años: Profecía y las Dos Resurrecciones 38

CAPÍTULO 3 Las Dos Aguas de la Vida: ¿Una Brecha Profética Milenial? 63

CAPÍTULO 4 Sombra de Muerte: Una Mirada Profética a la Salvación en el Mundo Espiritual 78

CAPÍTULO 5 ¿Se Refiere la Expresión "Como Ladrón en la Noche" a una Venida Secreta de Cristo? 95

CAPÍTULO 6 La Posibilidad de Salvación Para los no Elegidos: Salvos A Través del Fuego 106

CAPÍTULO 7 Profecía de las 5 Vírgenes Prudentes y las 5 Insensatas en el Quiliasmo 114

CAPÍTULO 8 ¿Insinuó Cristo la Salvación de los No Elegidos en Mateo 19:16–22? 131

CAPÍTULO 9 Otros Padres de la Iglesia o Citas sobre la Salvación de los No Elegidos 141

CAPÍTULO 10 El Bautismo de Fuego 173

Bibliografía 194

Prefacio

En cada generación, los creyentes han luchado con preguntas acerca del destino final de la humanidad, la naturaleza del juicio y la esperanza que se encuentra en Cristo. **Esperanza Más Allá de los Elegidos** no está escrito únicamente para teólogos, sino para todo cristiano sincero que desee comprender más profundamente la Biblia a la luz de las enseñanzas más antiguas que se conservan de la Iglesia. Esta obra es fruto de años de estudio y reflexión sobre los escritos de los primeros líderes cristianos, muchos de los cuales creían y enseñaban el quiliasmo o el Reino Milenial literal de Cristo.

Aunque la versión original de este libro fue escrita como un volumen académico, esta nueva edición ha sido simplificada sin comprometer la doctrina bíblica, el método de interpretación ni las convicciones sostenidas a lo largo de la obra. Ahora está estructurada y presentada para el creyente común que busca claridad sin perder profundidad teológica. Si bien algunos capítulos abordan temas proféticos de gran alcance, todos están fundamentados en las enseñanzas claras de las Escrituras y respaldados por citas directas de los primeros escritores cristianos cuyas voces permanecen preservadas en la historia.

Uno de los temas clave a lo largo de esta obra es la posibilidad de lo que llamo **Salvación fuera de los Elegidos**: la idea de que algunos podrían ser salvos fuera de la Esposa Electa de Cristo, pero solo a través de un camino de juicio divino y purificación. Aunque esta perspectiva no es comúnmente enseñada hoy en día, varias voces del cristianismo primitivo —hombres como Justino Mártir, Ireneo, Clemente de Alejandría, entre otros— insinuaron una visión de la salvación más matizada que la que los sistemas modernos suelen reconocer. Al comparar sus palabras con las Escrituras, presento esta idea como una posibilidad, no como un dogma, animando al lector a examinarlo todo cuidadosamente.

He optado por apoyarme únicamente en una filosofía de traducción bíblica literal y en el método histórico-gramatical de interpretación. No se emplea alegorización ni tipología especulativa. Todo lo que aquí se expone se basa ya sea en el significado llano de la Biblia o en citas de los propios Padres de la Iglesia, evitando superposiciones denominacionales modernas y sistemas teológicos ajenos a los textos antiguos.

Esta edición no es exhaustiva, pero sí fiel. No pretendo perfección. Algunas interpretaciones presentadas aquí pueden ser correctas, otras tal vez no lo sean. Sin embargo, todo ha sido ofrecido con sinceridad, con reverencia por la verdad de la Palabra de Dios y el testimonio de la historia cristiana primitiva. Mi propósito no es especular, sino exponer la evidencia y extraer conclusiones razonadas a partir de ella, siempre consciente de que solo el Señor revelará toda la verdad en el Día de Su juicio.

A quienes lean estas páginas con un corazón dispuesto a buscar a Jehová y seguir a Cristo con mayor fidelidad, que este libro sea una herramienta para un entendimiento más profundo, una convicción más firme y una esperanza que perdure. Ya sea que uno acepte o no la posibilidad de una **esperanza más allá de los Elegidos**, el mensaje fundamental permanece inalterable: **Cree en el Señor Jesucristo y serás salvo (Hechos 16:31)**. Que esta verdad guíe a todos los que lean esta obra.

Jonathan Ramachandran

Jonathan Ramachandran

AGRADECIMIENTOS

Deseo dar gracias a Dios Padre, Dios Hijo (nuestro Señor Jesucristo) y Dios Espíritu Santo—nuestra santísima Trinidad—por su misericordia inagotable ante nuestros errores y por todas las cosas buenas que ha hecho por nosotros. Agradezco a mi familia: a mi padre (Ramachandran), a mi difunta madre (Grace Selwak Kumari), a mi tío (JPS—John Perera Sugumaran), y a mis hermanos (Shankar Timothy y Siralan Joshua), por su apoyo constante a lo largo de mi vida. También expreso mi gratitud a otros miembros de la familia, así como a amigos cristianos y no cristianos (demasiados para nombrarlos aquí), por su apoyo visible e invisible.

Un agradecimiento especial al Dr. John W. (Jack) Carter, editor de la distinguida revista pastoral *The American Journal of Biblical Theology* (AJBT), por haber editado mi primera publicación en dicha revista (Ensayo 1 de este libro) y por ofrecer comentarios valiosos sobre los estándares de la redacción académica.

Por último, pero no menos importante, esta obra no habría podido completarse sin la pericia y el talento del Sr. Edward D. Andrews, director general y presidente de Christian Publishing House, cuya contribución fue fundamental en el proceso de edición y publicación de este libro.

INTRODUCCIÓN

Si las ideas presentadas en este libro resultan ser verdaderas en el Día del Juicio, entonces toda la gloria pertenece a Dios. Pero si alguna de ellas resulta ser incorrecta—ya sea en parte o en su totalidad—la responsabilidad recae enteramente en mí, como consecuencia de la debilidad humana. Si esta obra refleja la verdad, puede ser una señal de que la sabiduría de Dios a veces contrasta con las opiniones teológicas populares que muchos sostienen. Pero si contiene error, aun así, cumple un propósito: mostrar cómo incluso un intento sincero de interpretar las Escrituras puede quedarse corto. En cualquier caso, este esfuerzo pone de relieve dos realidades atemporales: cuán difícil es interpretar correctamente la Biblia, y cuán fácil es desviarse.

La Biblia es producto del genio divino. Está escrita de tal manera que permite una exploración profunda, y por eso tantos cristianos a lo largo de la historia—utilizando el mismo texto sagrado—han llegado a conclusiones diferentes. Sus esfuerzos reflejan tanto exégesis (extraer el significado del texto) como, en ocasiones, eiségesis (proyectar un significado sobre él). Esta diversidad de interpretaciones nos recuerda que el objetivo no es simplemente tener una opinión, sino ser humildes y diligentes en la búsqueda de la verdad bíblica.

En una ocasión, durante una correspondencia con un editor académico que cuestionaba la suposición de la inerrancia bíblica —frecuentemente sostenida por las revistas pastorales— compartí mi convicción de que la inerrancia de las Escrituras es fundamental. Aunque existen muchas variantes manuscritas, solo una lectura puede reflejar la redacción original; las demás deben atribuirse al error humano o a alteraciones posteriores. Para mí, la crítica textual solo cobra relevancia cuando el significado de un versículo está en juego. Si el mensaje central permanece inalterado, entonces la variante no representa una preocupación mayor.

Una vez envié una pregunta teológica a una revista académica de reconocido prestigio, pero no recibí respuesta. La pregunta era sencilla: *¿Ha publicado alguna vez su revista un verdadero hallazgo doctrinal nuevo—uno que no haya sido expresado previamente en ninguna otra publicación o tradición? Si es así, ¿podría ver ese artículo o al menos su resumen?*

A mi parecer, cuando una revista simplemente repite lo que los Padres de la Iglesia o los reformadores protestantes ya afirmaron—especialmente al revisar manuscritos sin aportar una comprensión nueva—no está generando una visión teológica fresca. Este libro, sin embargo, intenta ofrecer algo más. Si las conclusiones aquí presentadas son correctas, entonces abren nuevos caminos de interpretación—ideas que no se encuentran en los credos históricos ni en las confesiones denominacionales.

¿Cómo se reconoce un verdadero descubrimiento teológico? Cuando no puede citarse a ningún erudito publicado ni a ninguna denominación histórica que haya hecho la misma afirmación, ni siquiera como una posibilidad. Eso es lo que creo que este libro representa, al menos en parte. Se basa profundamente en las Escrituras y en los escritos de los antiguos Padres de la Iglesia, pero llega a conclusiones interpretativas que, hasta donde tengo conocimiento, nadie ha propuesto de esta manera.

Muchos han leído los mismos textos que cito, pero pocos—si es que hay alguno—los han interpretado desde la misma perspectiva. Esto convierte a la propia interpretación en el descubrimiento. Y ese es el objetivo supremo del estudio bíblico: no inventar una nueva doctrina, sino descubrir aquello que ha sido pasado por alto, mal interpretado u olvidado. Si ese objetivo se cumple, aunque sea en parte, a través de este libro, entonces que sirva para traer mayor luz a quienes buscan la verdad de la Palabra de Dios con reverencia, valentía y claridad.

CAPÍTULO 1 ¿Esperanza para los No Elegidos? Explorando la Salvación Más Allá de los Elegidos

Reflección

Es un don de Dios poder reconocer cuando algo está profundamente mal, incluso si nadie a nuestro alrededor—ni siquiera nuestra propia iglesia—lo percibe. Martín Lutero vivió precisamente esta experiencia. Luego vino el valor de alzar la voz y mantenerse firme en la Palabra de Dios, incluso a un alto costo personal. Difícilmente pudo imaginar Lutero que sus 95 tesis, clavadas en señal de protesta, llegarían a encender el movimiento protestante que hoy conocemos. Actualmente, cerca del 40% de los cristianos en el mundo—dos de cada cinco—son fruto de ese valiente acto de conciencia. Esto da testimonio de la mano de Dios sobre la vida de Lutero, a pesar de sus fallas, y nos recuerda que la salvación proviene de la misericordia de Dios por medio de la fe en Cristo. Esa misma misericordia nos da esperanza, afirmando que la salvación en Cristo es más amplia y más llena de gracia de lo que quizá nos atrevimos a imaginar.

Introducción

El acto de Martín Lutero al clavar las 95 tesis en la puerta de la iglesia de Wittenberg no tenía la intención de iniciar una revolución, sino reformar a la Iglesia Católica Romana de sus tradiciones extrabíblicas. Lo que siguió fue el nacimiento del movimiento protestante—un esfuerzo continuo por recuperar la verdad y la pureza bíblicas. A pesar de estar unida en muchas creencias esenciales, la iglesia protestante hoy permanece dividida en torno a una variedad de doctrinas y prácticas.

Estas divisiones, aunque dolorosas en ocasiones, pueden en realidad cumplir un propósito. Exponen diferencias que Dios utiliza para mostrar quiénes son verdaderamente aprobados ante sus ojos (véase 1 Corintios 11:19). El evangelio no es simplemente un mensaje acerca de quién es Jesús, sino también un llamado a obedecer lo que Él enseñó. En Mateo 7:21–23, Jesús advirtió que muchos dirán haber profetizado, expulsado demonios y realizado milagros en su nombre, solo para escuchar la respuesta devastadora: "Nunca os conocí". Lo que distingue al verdadero discípulo del que se engaña a sí mismo es la obediencia: "Cualquiera, pues, que me oye estas palabras, y las hace…" (Mateo 7:24).

Con ese mismo espíritu, presento esta primera de varias reformas propuestas en nuestra comprensión de la salvación.

1. Unidad en la Diversidad, Bajo una Nueva Sola

La Escritura enseña que hay tres niveles de fruto espiritual en respuesta al evangelio: al ciento por uno, al sesenta y al treinta (Mateo 13:8). Estos representan distintos grados de obediencia y recompensa. La implicancia es profunda: los creyentes pueden sostener distintos grados de error y, aun así, estar dentro de los límites de la salvación, según la medida de fe que Dios ha concedido a cada uno (Romanos 12:3).

1.1 Equilibrando la Tolerancia y la Convicción Doctrinal

Dado que la medida de fe es distribuida por Dios, no es necesario ni provechoso forzar a otros a adoptar cada punto de nuestra comprensión doctrinal. Algunos tal vez nunca lleguen a aceptar ciertas verdades en esta vida, incluso si esas verdades son, en última instancia, correctas. Reconocer esto fomenta la paciencia y reduce conflictos innecesarios dentro del cuerpo de Cristo.

Cada paso hacia una mayor precisión bíblica refleja una relación más profunda con Dios. Al mismo tiempo, debemos cuidarnos del orgullo teológico. No hay lugar en la iglesia para avergonzar a otros por diferencias secundarias. Debemos tener la libertad de expresar convicciones firmes, pero el juicio le pertenece a Dios. Nuestro llamado es andar en amor, honrarnos mutuamente en los puntos de acuerdo y confiar en que Dios recompensará a cada uno conforme a su fidelidad.

Lamentablemente, algunos cristianos se distancian de otros—evitando colaborar o reteniendo su apoyo—simplemente porque no están de acuerdo en cada cuestión teológica. Esto no debería ser así. La libertad cristiana nos permite vivir sin ser tropiezo para los demás, dejando el juicio y la recompensa en manos de Dios. En este espíritu de gracia, este ensayo explora una posibilidad profunda y controvertida: que la misericordia de Dios podría extenderse incluso a algunos que no forman parte de los elegidos.

1.2 La Parábola del Trigo y la Cizaña del Señor Jesús

En una de sus parábolas más profundas, Jesús enseñó que tanto los justos ("trigo") como los injustos ("cizaña") crecerían juntos en el campo del mundo hasta el fin de los tiempos (Mateo 13:24–30, 36–43). De manera sorprendente, instruyó a sus seguidores a no intentar arrancar la cizaña antes de tiempo, advirtiendo que hacerlo podría dañar también al trigo. Este mandato divino implica que la Iglesia no tiene la tarea de eliminar todo error o hipocresía de su interior antes del regreso de Cristo. En cambio, la separación le pertenece a Dios y será llevada a cabo en el momento señalado—en la cosecha, cuando el Hijo del Hombre envíe a sus ángeles para reunir a los justos en su reino.

Este enfoque enseña una actitud de **tolerancia y humildad** dentro de la Iglesia. Jesús dejó claro que habría falsos creyentes entre los verdaderos, y que tratar de arrancarlos prematuramente podría causar daño—posiblemente incluso eliminar a siervos fieles que aparentan ser dudosos o imperfectos. Por tanto, los líderes de la iglesia llevan sobre sí una gran responsabilidad. Si juzgan o excluyen erróneamente a alguien que en realidad es trigo genuino, corren el riesgo de causar un daño espiritual y serán responsables ante Dios.

Una de las razones por las que Cristo dio esta instrucción puede encontrarse en la naturaleza del libre albedrío humano. El padre de la Iglesia primitiva **Ireneo de Lyon** explicó que las personas pueden cambiar. En sus palabras: "El hombre, dotado de razón… habiendo sido hecho libre en su voluntad… a veces se convierte en trigo y otras veces en tamo". En otras palabras, alguien que hoy parece ser cizaña, podría, mediante arrepentimiento y transformación, convertirse en trigo mañana.

Por esta razón, la Iglesia debe ser un lugar de acogida para el arrepentimiento, no un tribunal de condena. Debemos permanecer abiertos a la posibilidad de que Dios aún esté obrando en las vidas de personas que, de otro modo, podríamos descartar. La paciencia y moderación que Jesús demanda en esta parábola abren espacio para la gracia, permitiendo tiempo para la conversión antes de la separación final en el juicio.

Esta enseñanza también nos exhorta a tener cautela frente a la excesiva confianza en nuestras propias posturas doctrinales. Si Dios permitió que errores significativos persistieran en la Iglesia global durante siglos—como entre el año 500 d.C. y el 1500 d.C.—entonces nuestra propia generación, iglesia o denominación también puede sostener ideas que estén, al menos en parte, equivocadas. Nuestro llamado no es elevar nuestra perspectiva como si fuera infalible, sino someter nuestra comprensión a la Palabra de Dios y ponerla a prueba con humildad.

Para contar con una base confiable al momento de evaluar las doctrinas, debemos acudir a lo que fue afirmado de **manera universal** por la comunidad cristiana primitiva. El Credo de Nicea del año 325 d.C., reconocido por las tradiciones católica, ortodoxa y protestante, ofrece una especie de límite doctrinal. Aunque las interpretaciones individuales puedan variar, esta confesión común ayuda a preservar el núcleo de la fe frente a la herejía.

Dentro de ese marco, podemos examinar cuestiones teológicas serias—como la posibilidad de salvación para los no elegidos—no con arrogancia ni especulación imprudente, sino con reverencia, honestidad y el deseo sincero de alinearnos más estrechamente con la verdad de Dios.

1.3 La Posibilidad de Salvación para los No Elegidos

San Gregorio Nacianceno escribió una vez: "Aquí también te proporcionaré caminos amplios... sobre la resurrección, sobre el juicio, sobre la recompensa... Pues en estos temas, acertar no es inútil, y errar no es peligroso". Con esta afirmación, Gregorio destacó que ciertos temas teológicos—como la naturaleza del juicio divino—pueden ser objeto de debate sin poner en peligro la salvación de una persona. Aunque estas ideas tal vez no afecten si alguien se salva o no, sí podrían influir en las recompensas que reciba. Esto abre un espacio para la exploración reflexiva, sin temor a cruzar los límites doctrinales.

La historia nos recuerda que incluso las creencias ampliamente aceptadas pueden estar equivocadas. Martín Lutero se enfrentó a más de mil años de tradición eclesiástica para restaurar verdades bíblicas fundamentales. Por tanto, debemos estar dispuestos a reexaminar doctrinas ampliamente aceptadas, especialmente cuando la evidencia bíblica sólida nos invita a hacerlo.

En ese mismo espíritu, volvemos a **1 Corintios 3:15**, donde Pablo habla de una persona que es **"salva, aunque así como por fuego"**. Aunque este pasaje ha sido interpretado frecuentemente como una referencia a las pruebas del cristiano en esta vida—o como el purgatorio en la teología católica—podría existir otra posibilidad: que esta persona represente a un individuo no elegido que, aunque no formó parte de la Iglesia durante su vida, aún sea salvo por la misericordia de Dios en el juicio final.

San Gregorio también habló de **un "último bautismo": una purificación dolorosa y ardiente,** que podría referirse a un juicio post mortem (1 Corintios 3:12–19). Aplicó esta imagen a aquellos que no siguieron a Cristo en esta vida, pero que, al final, podrían ser salvos mediante el fuego. Si esta interpretación es correcta, ofrece un posible marco para comprender la salvación de los no elegidos—aquellos que no forman parte de la Esposa de Cristo, pero que aún reciben misericordia en el Día del Juicio.

Esta interpretación se ve reforzada por la distinción que Pablo hace entre cuerpos de **resurrección celestiales y terrenales** en 1 Corintios 15:40. Aquellos que reciben cuerpos celestiales son los elegidos, resucitados en gloria para reinar con Cristo en los cielos. Pero otros podrían ser resucitados para una **vida terrenal**—aun salvos, pero en una condición inferior. Su salvación sería real, aunque no llevaría la gloria ni la recompensa de quienes resucitan con Cristo para reinar en los cielos.

Este concepto no es universalismo. No sugiere que todos serán salvos, ni afirma la noción católica del purgatorio. Más bien, abre una tercera categoría: personas fuera de la Iglesia que, aunque no siguieron a Cristo en vida, podrían responder a Él en el juicio—después de haber visto la verdad.

Una categoría así explicaría por qué Jesús describió repetidamente **distintos desenlaces en la resurrección,** incluyendo a algunos que se sorprenden al ser salvos (Mateo 25:31–46), y a otros que experimentan un **"bautismo de fuego"**—un encuentro doloroso y purificador con la justicia divina.

Aunque esta idea desafía la teología evangélica tradicional, no carece de precedentes. Algunos Padres de la Iglesia primitiva consideraron posibilidades similares. Si la salvación pertenece verdaderamente a Dios, y si su misericordia se extiende más allá de lo que hoy podemos ver o medir, entonces la salvación de los no elegidos no se presenta como una doctrina, sino como una **posibilidad bíblicamente fundamentada** que merece ser considerada con humildad.

2.0 Exploración Detallada de una Posible Salvación para los No Elegidos

Esta sección profundiza en las implicancias proféticas y teológicas de una pregunta controvertida: ¿Podría haber salvación para algunos que no están entre los elegidos? No es una cuestión que deba tomarse a la ligera, ya que toca debates antiguos dentro de la historia cristiana acerca del juicio, la resurrección y el alcance de la misericordia de Dios.

Anteriormente, consideramos una cita de san **Gregorio Nacianceno** que podría señalar hacia un escenario de salvación post mortem. Él describió un bautismo final por fuego—una purificación dolorosa y prolongada—basada en **1 Corintios 3:12–19**, en la cual incluso aquellos fuera de la fe podrían ser limpiados y salvados. Gregorio no se dirigía a creyentes en Cristo, sino a herejes—personas que conscientemente caminaban por una senda distinta. No excluyó la posibilidad de que tales personas, a través de una última prueba ardiente, pudieran finalmente recibir misericordia. Esta perspectiva respalda una interpretación de salvación para los **no elegidos** en 1 Corintios 3:15, donde se dice que uno es "salvo, aunque así como por fuego".

Para comprender mejor esta interpretación, debemos comparar **1 Corintios 3:14** con el versículo 15. El versículo 14 describe a un creyente cuya obra permanece y que recibe recompensa. En contraste, el versículo 15 presenta a una persona cuya obra es completamente consumida, que **no recibe recompensa** alguna, pero que aun así es salva—por fuego. Si lo comparamos con la Parábola del Sembrador en Mateo 13:8, vemos que aquellos que dan fruto—al ciento, al sesenta o al treinta por uno—son cristianos que reciben recompensas. Por lo tanto, parece poco probable que un cristiano sea salvo "como por fuego" y sin recompensa, como se describe en el versículo 15, ya que incluso una fidelidad mínima debería producir al menos un fruto de treinta por uno.

Esto abre la posibilidad de que la persona salvada "como por fuego" en 1 Corintios 3:15 **no sea un cristiano en absoluto**, sino alguien fuera de los elegidos. Si esto es correcto, el cristiano que recibe recompensa es el que aparece en el versículo 14, mientras que el versículo 15 se referiría a una persona no elegida, salvada sin recompensa—únicamente por la misericordia divina.

Algunos argumentan que este pasaje se refiere únicamente a los cristianos, basándose en **1 Corintios 3:11**, que dice: "pues nadie puede poner otro fundamento que el que ya está puesto, el cual es Jesucristo". Sin embargo, esto también podría incluir a aquellos que siguieron la conciencia que Dios puso en ellos, como se menciona en **Romanos 2:6–11**, donde incluso los gentiles que no tienen la ley pueden actuar conforme a sus principios. Pablo enseña que *"los que cumplen la ley serán justificados"*, lo cual sugiere que quienes viven rectamente según su conciencia podrían ser juzgados con misericordia por Dios, aun si nunca oyeron el evangelio.

Esta interpretación está en armonía con lo que muchos Padres de la Iglesia primitiva creían. Sugiere que la expiación de Cristo podría extenderse en el Mundo Espiritual a aquellos que nunca fueron alcanzados en vida. Si este fuera el caso, entonces la salvación "como por fuego" no violaría el evangelio, sino que lo cumpliría de una manera más amplia y aún centrada en Cristo.

Esta perspectiva no promueve una salvación por obras. Más bien, afirma que la aplicación de la **expiación de Cristo** puede extenderse más allá de esta vida para quienes nunca tuvieron la oportunidad de oír o comprender el evangelio. El "fuego" podría actuar como una forma final de purificación o de despertar, preparándolos para recibir misericordia en el Día del Juicio.

Esto ayuda a explicar por qué algunos Padres de la Iglesia ofrecieron interpretaciones distintas de estos mismos versículos. La dificultad de este pasaje invita a una indagación honesta—y nos recuerda que la salvación está, en última instancia, en manos de Dios. Esta perspectiva no reemplaza el mensaje del evangelio sobre la fe y el arrepentimiento en el presente, pero abre la puerta a la **esperanza**: que la justicia y la misericordia de Dios no están limitadas por el tiempo humano.

2.1 Casos No Instruidos e Instruidos

La distinción entre individuos "no instruidos" e "instruidos" es un marco importante al considerar la posibilidad de salvación para los no elegidos. Estas categorías se refieren, respectivamente, a aquellos que nunca han oído el evangelio ("no instruidos") y a aquellos que sí lo han oído ("instruidos").

El apóstol Pablo, en **Romanos 2:12–13**, escribe: "todos los que han pecado sin la ley, sin la ley también perecerán; y todos los que han pecado bajo la ley, por la ley serán juzgados. Porque no son los oidores de la ley los justos ante Dios, sino los hacedores de la ley serán justificados". Esto se refiere claramente al **caso instruido**—aquellos que han oído la Palabra de Dios. Pablo declara que la justificación es posible para quienes practican las obras de la ley. Algunos teólogos vinculan este pasaje con el de 1 Corintios 3:15, proponiendo que estos **"hacedores"** que no alcanzan plenamente el estándar aún podrían ser salvos "como por fuego".

Sin embargo, es difícil imaginar a un cristiano fiel—alguien que realmente cree—recibiendo ninguna **recompensa**. La fe en sí misma es un don de inmenso valor, y una fe viva necesariamente produce fruto. Santiago 2:26 dice: "la fe sin obras está muerta". Por lo tanto, un verdadero cristiano, que da al menos fruto al treinta por uno como en la parábola de Jesús (Mateo 13:8), se alinearía más naturalmente con el individuo **recompensado** de 1 Corintios 3:14, y no con aquel que es salvo "como por fuego", sin recompensa, en el versículo 15.

Esto plantea la posibilidad de que la persona mencionada en **1 Corintios 3:15** no sea un cristiano, sino un individuo "instruido" que escuchó el evangelio, pero no respondió con fe obediente. Podría reconocer a Cristo **después de la muerte**, no por fe en esta vida, sino al verlo en el mundo espiritual. Jesús aludió a esta dinámica en **Juan 6:36 y 40**, donde reprendió a quienes lo vieron y aun así se negaron a creer, pero afirmó que *"todo aquel que ve al Hijo y cree en Él, tenga vida eterna"*.

Esto abre una cuestión teológica: ¿Podrían algunos ser salvos al creer **después de ver a Cristo**—post mortem—especialmente entre aquellos que estuvieron expuestos al evangelio, pero no respondieron con fe en esta vida? ¿Podría esto corresponder a los que son "salvos como por fuego" en un juicio final purificador?

El caso de los **no instruidos** añade un matiz adicional. Se trata de personas que vivieron sin haber oído jamás el evangelio. Pablo escribe en **Romanos 2:14–16** que incluso los gentiles, que no tienen la ley, pueden actuar conforme a ella al seguir su conciencia. Sus decisiones morales, si están alineadas con los principios de Dios, podrán **acusarlos o defenderlos** en el día del juicio.

Esto no constituye una doctrina de salvación por obras. Más bien, afirma que la sangre de Cristo es lo suficientemente poderosa como para aplicarse incluso a aquellos que nunca creyeron explícitamente en Él durante su vida terrenal. Los Padres de la Iglesia, en ocasiones, contemplaban esta categoría con esperanza, reconociendo que la expiación de Cristo podría alcanzar incluso a quienes están fuera del pacto en esta vida—pero que responden en el mundo espiritual al ser confrontados con la verdad.

Estos dos casos—los **instruidos pero incrédulos**, y los **no instruidos pero moralmente rectos**—podrían representar clases distintas de aquellos que finalmente son "**salvos como por fuego**". No forman parte de los elegidos, no reciben recompensas celestiales ni participan del reinado milenial de Cristo. Pero podrían resucitar en la segunda resurrección a una vida de misericordia, siendo salvos sin gloria, mediante el juicio refinador de Dios.

Si esta interpretación resulta ser verdadera o no, aún está por verse. No se presenta como dogma, sino como una sincera exploración de las Escrituras y del pensamiento cristiano primitivo. Lo más importante es que tales reflexiones se ofrezcan con honestidad y humildad—nunca para distorsionar el evangelio, sino para buscar su profundidad y alcance con reverencia.

2.2 Los Padres de la Iglesia Quiliastas

Algunos de los primeros pensadores cristianos—conocidos hoy como los **Padres de la Iglesia Quiliastas**—ofrecieron perspectivas que respaldan la idea de una salvación para los **no elegidos**. Estos líderes, entre ellos **Ireneo de Lyon, Justino Mártir y Tertuliano**, compartían una visión común: que los cristianos participarían en una primera resurrección y reinarían con Cristo durante mil años en **cuerpos humanos glorificados**. Este reinado milenial tendría lugar en la tierra y los cielos actuales. Al final de este reinado, ocurriría una transformación dramática, descrita en las Escrituras como el paso de "carne y sangre" a algo **celestial o angélico**—un cambio necesario para entrar en el reino final y eterno (cf. 1 Corintios 15:50–52).

Estos primeros líderes de la Iglesia también hacen distinciones importantes en cuanto a cómo se experimenta la salvación. Según sus escritos, **los elegidos** resucitan primero, disfrutan de las bendiciones del reinado milenial con Cristo y, eventualmente, son transformados para vivir en una existencia celestial en los Nuevos Cielos. Pero otros, descritos como **"las naciones que serán salvas"** en Apocalipsis 21:24, son mencionados como distintos de la Esposa (la Iglesia). Estos individuos no resucitan para reinar con Cristo, ni se les concede de inmediato la gloria celestial, pero son salvos y entran en la nueva tierra **en cuerpos de resurrección terrenales (no glorificados)**.

Esta distinción respalda la idea de que no todos los que son salvos forman parte de los elegidos. Algunos podrían recibir una **salvación de menor grado**—concedida por la misericordia de Dios, pero sin el privilegio de reinar con Cristo ni de participar de Su naturaleza celestial. Esto está en armonía con la visión **quiliasta**, según la cual la profecía no debe interpretarse de manera privada (2 Pedro 1:20), y los escritos de estos primeros padres son considerados un testimonio fundamental de las intenciones de Dios para los tiempos finales.

Vale la pena señalar que la profecía **quiliasta** sitúa la transformación hacia la gloria celestial no al comienzo del milenio, sino a su conclusión, cuando la **Esposa** llega a ser una sola carne con Cristo. El Libro de Apocalipsis muestra a la **Esposa** descendiendo del cielo, mientras que las

naciones caminan a la luz de ella. Esto indica que la **Esposa** y las **naciones** no son el mismo grupo. La **Esposa** posee cuerpos celestiales; las **naciones salvas**, no.

Estos primeros escritores creían que la **Iglesia** sería resucitada en cuerpos humanos glorificados para vivir y reinar con Cristo durante 1,000 años en justicia y paz. Luego, al sonar la última trompeta, esa misma **Iglesia** sería transformada para ya no ser carne y sangre, a fin de poder entrar al cielo. Esto ayuda a dar sentido a la imagen del **"Agua de Vida"** en Apocalipsis 22. Las **naciones salvas** beben de esta agua; la **Esposa** ya no necesita hacerlo, pues participa directamente de la vida que procede de Cristo.

Este marco concuerda con el tema más amplio de la **misericordia en capas** de Dios—primero mostrada a los **elegidos** que creen y siguen a Cristo en esta vida, y luego extendida a otros que responden con arrepentimiento, incluso si es después de la muerte. Los **no elegidos** pueden ser purificados mediante el juicio y resucitados a un reino terrenal, una misericordia que no contradice la justicia, sino que **engrandece la gracia**.

En conclusión, las enseñanzas de los **Los Padres de la Iglesia Quiliastas** ofrecen un respaldo histórico y teológico a la posibilidad de una **salvación para los no elegidos**. Aunque no es una doctrina ampliamente aceptada en el cristianismo moderno, estas voces antiguas nos impulsan a considerar que la **misericordia de Dios** podría llegar más lejos de lo que muchos imaginan, especialmente en la **edad final por venir**.

2.3 Profecía Quiliasta sobre el Cambio de Humano a Angélico

En los capítulos finales de la Biblia, emerge una imagen poderosa: la **Esposa de Cristo**—la **Iglesia elegida**—es vista llamando a otros a la salvación, invitándolos a tomar gratuitamente del **Agua de Vida** (Apocalipsis 22:17). Esta invitación, proveniente de la **Esposa**, implica que aún hay otros fuera de su número que están siendo salvos. Estos no son los **elegidos**, pero podrían representar a las **"naciones que serán salvas"** (Apocalipsis 21:24), quienes habitan en la **nueva tierra**, mientras que la **Esposa** reside en la **Nueva Jerusalén**.

Según la **profecía quiliasta**, los cristianos son resucitados en **cuerpos humanos glorificados** para reinar con Cristo durante **1,000 años** en la **vieja tierra y cielos**—el mismo mundo en el que sufrieron por su fe. Esta recompensa concuerda con la **justicia de Dios**, retribuyendo a los fieles con vida y honra en el mismo ámbito donde fueron despreciados.

Sin embargo, al final de ese reinado de mil años, ocurre una transformación. La **Esposa**—la **Iglesia fiel**—es transformada en una **nueva** clase de existencia: ya no **carne y sangre**, sino **angélica y celestial**. Esta transformación les permite heredar los **Nuevos Cielos**, donde "la carne y la sangre no pueden heredar el reino de Dios" (1 Corintios 15:50). Durante el **reinado milenial**, los **elegidos** beben del **Agua de Vida** para sostener sus cuerpos humanos glorificados. Pero después de esta transformación, ya no la necesitan, pues se hacen **"una sola carne" con Cristo**, extrayendo vida directamente de Él.

En contraste, aquellos que no forman parte de la **Esposa**—las **"naciones de los que son salvos"**—continúan bebiendo del **Agua de Vida** en sus **cuerpos de resurrección terrenales**. Habitan en la **nueva tierra**, no en la **Nueva Jerusalén**, y no experimentan la misma transformación que los **elegidos**. Sin embargo, son salvos. Esta interpretación abre la puerta a comprender a estas **naciones salvas** como posibles receptores de una **salvación no perteneciente a los elegidos**—no glorificados de la misma manera que la **Iglesia**, pero acogidos a la vida eterna por la **misericordia de Dios**.

Esta distinción entre **cuerpos de resurrección celestiales y terrenales** fue afirmada por algunos de los primeros **Padres de la Iglesia**. Su comprensión del orden de los acontecimientos concuerda con esta perspectiva: la transformación de **humano a angélico** no ocurre al inicio del milenio, sino al final, con el sonido de la **"última trompeta"**. Durante los **1,000 años**, los **elegidos** gobiernan en cuerpos humanos resucitados y sin pecado. Luego, cuando Cristo se une plenamente con su **Esposa**, ellos son transformados en seres **celestiales e inmortales**.

Esta interpretación contrasta con muchas posturas modernas—ya sean **protestantes, católicas u ortodoxas**—que suelen fusionar la **resurrección** con la **transformación final**. Los **Padres del Quiliasmo** creían lo contrario: que la **resurrección a la vida humana** ocurre primero, seguida más tarde por la **transformación a una vida angélica**. Esta interpretación no solo respalda la distinción entre **salvación de los elegidos** y **salvación de los no elegidos**, sino que también se ajusta de forma coherente al desarrollo de la **profecía bíblica**.

Curiosamente, incluso **san Agustín**, a menudo crítico del **Quiliasmo**, parece haber conservado una comprensión similar: que los justos pasarán por una **transformación de lo humano a lo angélico** después del milenio. Si esto es así, este entendimiento no sería exclusivo del **Quiliasmo**, sino un remanente de la **enseñanza apostólica primitiva**, preservada en parte a través de la **teología de Agustín**.

Si bien esta interpretación no puede ser comprobada hasta que la **profecía** se cumpla, el testimonio de las primeras voces cristianas—las más cercanas a los **apóstoles**—no debería ser descartado a la ligera. Su visión unificada de una **glorificación en dos etapas** ofrece un respaldo convincente a la idea de que la **misericordia de Dios** podría incluir a algunos que no son **elegidos**, salvándolos en la **resurrección** con un **cuerpo terrenal**, mientras reserva la **gloria celestial** exclusivamente para la **Esposa**.

2.4 Profecía del Quiliasmo sobre la Cronología de la Última Trompeta

Según los **Padres de la Iglesia** que sostenían el Quiliasmo, la profecía referente a la "**última trompeta**" tiene profundas implicancias respecto a cómo y cuándo ocurrirá la resurrección de los muertos—y, en particular, cómo podría vincularse con la posibilidad de una salvación para los no elegidos. Entre estas voces antiguas, **Víctorino de Pettau e Ireneo de Lyon** prestan especial atención a **1 Corintios 15:52**, el único versículo en las Escrituras que menciona explícitamente la "**última trompeta**".

Víctorino ubica esta trompeta al final del **reinado de mil años de Cristo**. En su interpretación, aquellos que no participaron de la **primera resurrección**—es decir, los elegidos que reinaron con Cristo—serán resucitados en esta **última trompeta**. Él escribe que los demás, que no fueron levantados anteriormente, resucitarán al final del milenio "junto con los impíos y pecadores". Sin embargo, incluso dentro de este grupo, parece haber una segunda categoría de **justos**, personas distintas de los malvados, que también son resucitadas en ese momento. Esto plantea una pregunta clave: ¿quiénes son estos **justos** que sólo aparecen en la **segunda resurrección**?

Ireneo podría ofrecer luz en este punto. Él se refiere a la posibilidad de que algunos de los enemigos u opositores de Cristo sean **salvados**. Esto se alinea con la propia enseñanza de Jesús en **Mateo 25**, donde las **"ovejas"** se sorprenden al descubrir que son bienvenidas en el Reino. Sin saberlo, habían servido a Cristo al cuidar de sus hermanos. Estas **ovejas de las naciones** tal vez no conocieron al Señor en esta vida—pero el Señor las conocía, reconociendo sus actos de amor y misericordia.

Bajo la cronología del **Quiliasmo**, los **elegidos** ya están salvados y reinando durante los **mil años**. Al final de ese reinado—en el **Día del Juicio**—son resucitados los de la **segunda resurrección**, tanto los **malvados** como estas **ovejas sorprendidas**. Esto respalda la idea de que algunos podrían ser salvados **después de la muerte**, no como miembros de la **Esposa**, sino como **receptores de la misericordia de Dios**, en base a cómo trataron a su pueblo.

Las palabras de **Jesús** en **Juan 5** parecen sugerir esta doble cronología. Él habla de dos momentos: **"La hora viene, y ahora es"**—lo que probablemente se refiere a la **primera resurrección**—y más adelante, **"la hora viene"**—lo que podría aludir a la **segunda resurrección**. Estas distinciones implican un proceso de resurrección por etapas, donde el segundo grupo es juzgado y posiblemente salvado en la **última trompeta**, en armonía tanto con **1 Corintios 15** como con **Apocalipsis 20**.

Esta visión recibe respaldo adicional en la creencia de la **Iglesia primitiva** de que la profecía **no está sujeta a interpretación privada** (**2 Pedro 1:20**). La voz coherente de múltiples **padres de la Iglesia primitiva**—incluyendo a **Víctorino, Tertuliano e Ireneo**—añade peso a la interpretación de que la **trompeta final** señala una **segunda resurrección** con resultados mixtos: **juicio para algunos, salvación para otros**.

Si es correcta, esta interpretación da credibilidad a la posibilidad de una **salvación para los no elegidos**—es decir, que, en la **última trompeta**, algunos podrían ser **salvados,** aunque no hayan sido creyentes durante su vida terrenal. No reciben los cuerpos **celestiales y angélicos** preparados para los **elegidos**, sino que son resucitados con cuerpos **terrenales y naturales**, y viven en la **nueva tierra**, no en la **Nueva Jerusalén**. Su salvación es **real**, aunque **sin gloria**, en contraste con la **Iglesia glorificada**.

Esta visión en capas de la **resurrección** ayuda a explicar cómo Dios puede ofrecer tanto **justicia** como **misericordia**—recompensando a los fieles que siguieron a Cristo en vida, y mostrando compasión hacia otros que, aunque **fuera de la Iglesia**, manifestaron amor hacia su pueblo. Nos anima a mantener una visión **elevada de la salvación**, mientras conservamos una **humildad reverente** respecto a los límites de nuestra comprensión.

2.5 Evidencia en el Libro de 1 Enoc

El **Libro de 1 Enoc**—aunque no forma parte del canon protestante—es considerado **canónico por la Iglesia Ortodoxa Etíope** y valorado por las tradiciones judías y cristianas más antiguas. En el **Capítulo 50**, presenta una escena profética vívida que podría respaldar el marco del **Quiliasmo** y, por extensión, la posibilidad de una **salvación para los no elegidos**.

El capítulo comienza con una transformación dramática de los **"elegidos"** (entendidos aquí como los cristianos fieles). Se describe que reciben un cambio—de una existencia humana y terrenal a una forma gloriosa y resplandeciente con la **"luz de los días"**, lo cual implica la **glorificación** de sus cuerpos resucitados. Esto refleja la enseñanza de Pablo en **1 Corintios 15:52**, donde los muertos son resucitados **incorruptibles** en la **"última trompeta"** y transformados.

Pero lo más impactante ocurre en el **versículo 3**, que parece describir a un **segundo grupo**: individuos que son **salvados por el nombre del Señor**, pero de quienes se dice que **"no tienen honra"**. Esta es una distinción notable. A diferencia de los **elegidos**, que son glorificados, estos son **salvados sin gloria**—lo cual sugiere un tipo de **salvación diferente**, no caracterizada por reinar con Cristo ni por recibir recompensa celestial. No puede referirse a los **elegidos**, ya que en la Escritura estos son descritos de manera constante como **honrados y recompensados** (cf. **Apocalipsis 20:4–6**).

El texto dice:

"No tendrán honra por el nombre del Señor de los Espíritus, pero por Su nombre serán salvados, y el Señor de los Espíritus tendrá compasión de ellos, porque grande es Su compasión".

Esto abre la puerta a lo que podría llamarse una **salvación de no elegidos**: individuos que no son glorificados, pero que aún reciben **misericordia divina**. Su **salvación es real**, aunque carece de la **recompensa y posición** otorgadas a los **elegidos**. El texto sugiere que esta misericordia llega **después del juicio**, ya que los siguientes versículos describen el destino de aquellos que **no se arrepienten**:

"En Su juicio los impenitentes perecerán delante de Él. Y de ahora en adelante no tendré misericordia de ellos", dice el Señor de los Espíritus.

Esto establece un **límite claro**. La **misericordia** está disponible—aun para algunos **pecadores**—hasta cierto punto. Pero después de eso, el **juicio es definitivo**. La misericordia mostrada a los **no elegidos arrepentidos** ocurre antes de este corte final. Estos individuos responden con **arrepentimiento** tras presenciar la **gloria de los elegidos**, un concepto que se asemeja a la idea de **creer después de ver**—un escenario de **arrepentimiento post mortem** que no suele formar parte de la teología protestante tradicional, pero que **no entra en conflicto intrínseco con la justicia de Dios**.

Esta interpretación se alinea con la **cronología de la Segunda Resurrección** en **Apocalipsis 20**. Aquellos que forman parte de la **primera resurrección** reinan con Cristo; quienes resucitan después enfrentan el juicio. El **Libro de 1 Enoc** podría estar refiriéndose a este **segundo grupo**—**pecadores** que, al ver la verdad, responden con **arrepentimiento** y reciben **salvación**, aunque sin el **honor de la recompensa celestial**.

Si este pasaje de **1 Enoc** ha sido conservado con fidelidad, añade peso al argumento de que la **salvación de no elegidos** es una idea tanto **antigua** como **teológicamente concebible**. Ofrece una visión esperanzadora de la **misericordia de Dios**, mostrando que, aunque no todos son **glorificados**, algunos aún pueden ser **salvados**.

2.6 Citas más antiguas del Quiliasmo

Para explorar el fundamento de la **salvación de no elegidos** dentro del pensamiento cristiano primitivo, debemos considerar las voces de los primeros **Padres de la Iglesia Quiliastas**—especialmente **San Papías, San Justino Mártir** y **San Ireneo de Lyon**. Estos primeros testigos presentan una visión de la **profecía** y la **escatología** que respalda una comprensión **gradual de la salvación**, con distinciones entre aquellos que son **recompensados con gloria celestial** y otros que son **salvados sin tal honor**.

San Papías, obispo de **Hierápolis** (c. 60–163 d.C.), es una de las fuentes más significativas en este contexto. Descrito por **Ireneo** como oyente del apóstol **Juan** y compañero de **Policarpo**, la cercanía de Papías a los apóstoles da un peso especial a su testimonio. Según sus escritos, todos los **cristianos**—aquellos que producen fruto al **treinta**, **sesenta** o **cien por uno**—participarán en las **bodas del Cordero** y heredarán un lugar en el **cielo**. Sin embargo, Papías también describe el cielo como estructurado en **niveles**, con distintos grados de **proximidad a la gloria divina**.

Él escribe que algunos habitarán en la Nueva Jerusalén, otros en el nivel del Paraíso, y otros en regiones celestiales exteriores. Estas distinciones parecen corresponder con la escala de fruto mencionada por Jesús en Mateo 13:8, donde distintos creyentes producen diferentes cantidades de fruto y, por lo tanto, reciben recompensas distintas. Es importante destacar que esta visión jerárquica no niega la salvación a nadie, sino que afirma que la salvación y la recompensa no son lo mismo.

El concepto de **cielos estratificados** también se alinea con **2 Corintios 12:2**, donde Pablo habla de haber sido arrebatado al **"tercer cielo"**. Aunque la **Biblia** no ofrece más detalles, los escritos cristianos y judíos primitivos amplían esta idea, sugiriendo que el **primer** y **segundo cielo** corresponden a esferas de **gloria menor**. Esto armoniza con la descripción de **Papías** sobre distintas **zonas celestiales**, lo cual deja espacio para **personas salvadas** que no reciben la **plenitud de la recompensa de los elegidos.**

Estas ideas refuerzan el concepto de que podría haber quienes sean **salvados fuera de la Esposa**, salvados no como **herederos**, sino como **habitantes**—a quienes se les concede **vida eterna**, pero sin la **intimidad** y la **gloria** reservadas para los **elegidos**. Su **salvación**, aunque **genuina**, carece de la **herencia celestial** descrita para la **Iglesia** en pasajes como **Apocalipsis 21–22.**

Esta interpretación **fortalece el marco** para la **salvación de no elegidos**. No se trata de **universalismo**; es una **misericordia medida**. Estos individuos **no son juzgados junto a los impíos**, pero tampoco son **resucitados en la primera resurrección**. No participan del **reinado milenial de Cristo**, ni son llamados **"sacerdotes"** o **"reyes"**, como **Apocalipsis 20:6** describe a los **elegidos**.

A la luz de esto, los primeros **Padres Quiliastas** presentan un tema constante: una **salvación por grados**, administrada conforme a la **justicia** y **misericordia divinas**. No todos entrarán al **cielo** de la misma manera, y no todos recibirán la misma **gloria**. Algunos, aunque **salvados**, permanecerán en **cuerpos de resurrección terrenales** sobre la **nueva tierra**, mientras que otros—los **elegidos**—habitarán en **cuerpos celestiales**, transformados y **glorificados** para participar de la **naturaleza divina de Cristo.**

Este concepto se refleja en los escritos de **Justino Mártir**, quien concebía una **resurrección corporal** seguida de una **recompensa** basada en la **fe y las obras**. **Ireneo** llevó esta idea aún más lejos, utilizando analogías con la **herencia de Israel** y enfatizando la distinción entre aquellos que son **salvados para vida eterna** y los que son **dejados en libertad**—una expresión que podría referirse a una **misericordia para los no elegidos.**

En última instancia, este testimonio temprano afirma lo que la **Escritura** insinúa: que **Dios es justo**, y recompensa a cada persona **según sus obras (Romanos 2:6–10)**, y que la **salvación es multidimensional**, con distinciones basadas en la **fidelidad**, la **revelación** y el **propósito divino**. Estas citas antiguas **no contradicen el evangelio**—más bien, profundizan nuestra comprensión de cómo la **salvación** podría extenderse más allá de nuestras categorías teológicas actuales.

2.8 San Agustín de Hipona y su Visión Sobre la Herejía Escatológica

San Agustín de Hipona (354–430 d.C.) sigue siendo una de las figuras más influyentes en la teología cristiana, venerado tanto por católicos como por ortodoxos y protestantes. Sin embargo, muchos no saben que su maestro y quien lo bautizó fue **San Ambrosio de Milán**, un Padre de la Iglesia que expresó **esperanza en la salvación de todas las personas**, incluyendo a aquellas **fuera de la Iglesia visible**.

Ambrosio escribió una vez: "Ahora bien, como no todos creen, no todos parecen estar en sujeción. Pero cuando todos hayan creído y hecho la voluntad de Dios, entonces **Cristo será todo en todos**. Y cuando Cristo sea todo en todos, entonces **Dios será todo en todos**". Esta cita influyó en el Catecismo Católico posterior al Concilio Vaticano II, el cual afirma la esperanza de la Iglesia en la salvación de toda la humanidad: "Con esperanza, la Iglesia ora por la salvación de todos los hombres".

Lo que hace particularmente interesante a **Agustín** es que **no tildó de herejes a los universalistas cristianos** —aquellos que creían en un infierno temporal y en una restauración final—. Esto es notable, dado que los Padres de la Iglesia de su época solían **etiquetar rápidamente como falsos maestros** a quienes se apartaban de la doctrina establecida. De hecho, **Agustín permitió la posibilidad de alivio o interrupción del tormento para los condenados**. Reconoció que algunas personas podrían ser salvadas **fuera del Reino de Dios**—quizás aludiendo a una forma de **salvación para los no elegidos**, en la que ciertas almas son finalmente **libradas de la condenación eterna**, aunque **no sean glorificadas con Cristo**.

En sus escritos, Agustín admite:

"Es en vano, entonces, que algunos —de hecho, muchísimos— se lamenten por el castigo eterno... Que supongan, si tal pensamiento les brinda consuelo, que los dolores de los condenados son, en ciertos intervalos, en alguna medida aliviados... Aunque las misericordias tiernas de Dios se manifiestan, no en poner fin a su castigo eterno, sino en mitigar o en concederles un respiro de sus tormentos".

Aunque **Agustín no respalda el universalismo**, tampoco descarta que la misericordia de Dios pueda extenderse hasta el juicio de maneras que permanecen misteriosas. Contempla la posibilidad de que algunos puedan ser salvados **tras una forma de fuego purgatorio**, incluso sugiriendo que **el grado de castigo se relaciona con la profundidad del apego a los bienes del** mundo. Aquellos que estuvieron **excesivamente apegados podrían sufrir por más tiempo**; mientras que **los que practicaron más caridad podrían ser liberados antes**.

En otra de sus obras, Agustín escribe:

"Es un asunto que puede ser examinado... si algunos creyentes pasarán por una especie de fuego purgatorio... y que, en proporción a cuánto hayan amado con mayor o menor devoción los bienes que perecen, sean liberados de él más lentamente o con mayor rapidez".

También señala que tal purificación solo es posible para aquellos que no caen en la categoría de los condenados—es decir, quienes no heredarán el Reino de Dios a menos que sus pecados sean perdonados mediante el arrepentimiento.

Agustín ofrece así un **modelo útil para abordar la posibilidad de una salvación para los no elegidos**. No la afirma como doctrina, pero tampoco la rechaza como herejía. Más bien, deja espacio para **gradaciones en el castigo y matices en la misericordia**, permitiendo que Dios muestre compasión incluso hacia aquellos que están fuera de los límites de los elegidos.

Desde una perspectiva protestante, sería difícil argumentar que Agustín —o su maestro Ambrosio— no eran salvos. Y sin embargo, ambos consideraron ideas que se asemejan al concepto de salvación para los no elegidos: **misericordia** mostrada a pecadores más allá de la primera resurrección, más allá de las recompensas de los fieles, pero aún dentro del propósito redentor de Dios.

Esto da a los cristianos de hoy la libertad de **hablar sobre estas posibilidades** sin temor a ser condenados. El objetivo no es diluir el evangelio ni negar la urgencia del arrepentimiento, sino considerar si la misericordia de Dios podría extenderse de formas que sean bíblica e históricamente plausibles, especialmente a la luz de figuras como Agustín, quien permaneció dentro de los límites de la ortodoxia mientras reflexionaba sobre estos asuntos.

2.9 Posible Visión de Nivel Escritural – El Pastor de Hermas

El Pastor de Hermas—también conocido como *El Pastor*—fue considerado con gran reverencia por muchos cristianos de la Iglesia primitiva. Algunos Padres de la Iglesia, incluyendo a **San Ireneo de Lyon** y a

Tertuliano, incluso lo trataron como Escritura o casi Escritura. Apareció en colecciones canónicas tempranas como el **Cánon de Muratori** (c. 170 d.C.) en Occidente y el **Códice Sinaítico** (siglo IV) en Oriente. Aunque más tarde fue excluido de las listas canónicas formales, su recepción en los primeros siglos muestra que tuvo **peso autoritativo** para generaciones de cristianos.

El Pastor habla alegóricamente de la salvación mediante imágenes como la ***Torre del Arrepentimiento***, que representa a la Iglesia. Aquellos que son escogidos y fieles son representados como piedras firmes colocadas con seguridad en esta torre: los elegidos. Esta metáfora también fue citada por **Ireneo**, quien llamó a la Iglesia una *"hermosa torre de los elegidos"* levantada por todo el mundo y llena de aquellos que reciben el Espíritu.

Sin embargo, la misma visión revela una notable extensión de la misericordia más allá de los elegidos. La narración presenta piedras rechazadas—personas que alguna vez oyeron el evangelio y desearon el bautismo, pero regresaron a estilos de vida pecaminosos. Estas personas no son colocadas en la torre. En cambio, el ángel explica:

"Aún es posible el arrepentimiento, pero en esta torre no pueden encontrar un lugar adecuado. Sino que serán colocados en otro lugar, mucho más inferior, y eso también solo cuando hayan sido atormentados y hayan cumplido los días de sus pecados. Y por esta razón serán trasladados, porque han participado del *justo Verbo*".

Estas palabras indican la posibilidad de una **salvación para los no elegidos**: un lugar de redención no dentro de la Iglesia propiamente tal (*la torre*), sino en un ámbito inferior de misericordia. ¿La condición? Que el arrepentimiento surja durante o después de su sufrimiento, y únicamente porque alguna vez tuvieron contacto con el *Verbo de Dios*. **Esto no es una salvación universal. No todos son salvos**. El pasaje declara claramente que, si no nace en ellos el deseo de arrepentirse, no serán salvos—**por la dureza de sus corazones**.

Esta visión guarda semejanza con 1 Corintios 3:15, donde alguien es **"salvo, pero como a través del fuego"**. También aquí, la salvación es precedida por el juicio, y los salvos **no reciben recompensa**. Algunos han relacionado esto con la enseñanza de Jesús sobre ser bautizado **"con fuego"** (Mateo 3:11–12), sugiriendo que esto podría implicar **purificación a través del sufrimiento**, no solo para los elegidos, sino también potencialmente para otros.

Tertuliano, aunque crítico respecto a la doctrina del *Pastor* sobre los adúlteros, aún reconocía su autoridad espiritual. En un debate con el papa

Calixto I, escribió: "Te cedería el terreno si la **Escritura del Pastor**, que es la única que favorece a los adúlteros, hubiese merecido un lugar en el canon divino… Yo, sin embargo, me nutro de las Escrituras de **aquel Pastor que no puede ser quebrantado**".

Aunque expresaba incomodidad con ciertos aspectos del texto, **Tertuliano aún aceptaba el Pastor de Hermas** como una obra espiritual significativa. Su acercamiento cauteloso resalta la sinceridad con la que la Iglesia primitiva luchó con este tipo de ideas.

Vale la pena señalar que **San Atanasio**, quien formalizó el canon del Nuevo Testamento en su **39ª Carta Festiva**, no incluyó al *Pastor* como canónico. Sin embargo, lo colocó al mismo nivel que *Ester*, lo que implica un valor considerable. El Canon Romano también había afirmado que debía leerse, aunque no públicamente en la iglesia. Ningún concilio conocido condenó jamás este texto; simplemente cayó en desuso con el tiempo.

Desde una perspectiva teológica, la distinción entre **salvación dentro de la torre (los elegidos)** y **salvación fuera de la torre (los no-electos)** podría corresponder a las categorías bíblicas de aquellos que entran en el **Nuevo Cielo** (Apocalipsis 21:2) y aquellos que habitan en la **Nueva Tierra** (Apocalipsis 21:24). El *Pastor* podría estar describiendo a estos últimos: **los salvos, pero no glorificados**.

En última instancia, *El Pastor de Hermas* ofrece una visión cristiana primitiva única de esperanza más allá de la exclusión. Sus parábolas sugieren que **la misericordia de Dios** podría alcanzar incluso a quienes no perseveran en la fe, siempre que se arrepientan—aun si ese arrepentimiento ocurre **solo después de que el juicio ha comenzado**. Aunque la Iglesia sostiene con razón que la salvación es únicamente por medio de Cristo, es posible que su alcance llegue **incluso más lejos de lo que hemos imaginado**.

2.10 El Judaísmo Rabínico y sus Dos Tipos de Prosélitos

El judaísmo rabínico distingue entre dos categorías de conversos, o prosélitos: el **ger tzedek** ("prosélito justo") y el **ger toshav** ("extranjero residente" o "prosélito limitado"). El **ger tzedek** es considerado un converso pleno, obligado a guardar toda la Torá, mientras que el **ger toshav** solo está obligado a seguir las Siete Leyes de Noé. Estos siete mandamientos, tomados del Talmud babilónico Sanedrín 56a–b y de Tosefta Avodá Zará 9:4, incluyen prohibiciones contra la idolatría, la blasfemia, el asesinato, la inmoralidad sexual, el robo, el consumo de carne arrancada de un animal vivo y la falta de establecimiento de tribunales de justicia.

ESPERANZA MÁS ALLÁ DE LOS ELEGIDOS

Según la tradición rabínica, quienes observan estas siete leyes tienen asegurada **"una porción en el mundo venidero"**. Esto abre un paralelo interesante con la idea de una salvación para los no elegidos. Estos gentiles noájidas no son miembros del pacto en el sentido de Israel o de la Iglesia, pero son considerados justos entre las naciones. Su obediencia, aunque parcial, se considera suficiente para alcanzar el favor de Dios. Esto se alinea con la posibilidad de que algunos puedan ser salvos fuera del pacto, pero dentro de la misericordia de Dios, un tema central de este ensayo.

La parábola del Buen Samaritano de Jesús (Lucas 10:25–37) puede ofrecer una reflexión Cristocéntrica sobre este concepto. El samaritano no formaba parte del establecimiento religioso y, según Jesús (Juan 4:22), los samaritanos "adoran lo que no conocen". Sin embargo, la misericordia y la bondad del samaritano contrastaban marcadamente con la actitud del sacerdote y del levita. Al presentar al samaritano como el modelo de amor al prójimo, Jesús afirma que **los actos de misericordia —incluso de parte de forasteros— pueden reflejar la justicia divina.**

Esto plantea la posibilidad de que el *ger toshav*, o prosélito limitado, sea comparable a las **"ovejas sorprendidas"** de Mateo 25:31–46. Se trata de personas que sirven a los más pequeños de los hermanos de Cristo sin saber que están sirviendo a Cristo. Cuando el Señor los alaba y los recibe en el Reino, ellos responden: "Señor, ¿cuándo te vimos…?"—lo que indica que su salvación **no se basó en una fe consciente**, sino en **obras de compasión hacia los cristianos**, a quienes Cristo identifica como suyos.

Si esta interpretación es válida, sugiere que los gentiles justos—aquellos que cumplen las leyes noájidas o el núcleo moral de los últimos seis mandamientos del Decálogo—podrían entrar en la **salvación no-electa**. No son salvos solo por obras, sino por la misericordia de Cristo, extendida a quienes practican la caridad y la justicia sin conocer la revelación plena del evangelio.

En la profecía quiliasta, este evento ocurre en la última trompeta, en la resurrección final al término del reinado de mil años. Para entonces, los elegidos ya habrán sido salvados y glorificados. La salvación de las **"ovejas sorprendidas"** sucede entonces **después** del Reino Milenial, reforzando la idea de que su salvación es distinta en **momento** y **naturaleza** respecto a la de los elegidos. Ellos resucitan con cuerpos **terrestres**, destinados a la **nueva tierra**, mientras que los elegidos, transformados al final del milenio, habitan en los **nuevos cielos** en gloria celestial.

Incluso **San Ireneo de Lyon** afirma esta secuencia. Él escribe que los elegidos son resucitados al comienzo del reinado de Cristo, al que llama los

"tiempos del Reino", mientras que un segundo grupo de justos es salvado solo en el juicio final, al que llama **"después de los tiempos del Reino"**. Este segundo grupo corresponde a lo que él identifica como la **resurrección general**, en la cual toda la raza humana es juzgada, y algunos de entre ellos son separados como ovejas, no sobre la base de la fe, sino de la justicia en su conducta.

En resumen, la distinción del **judaísmo rabínico** entre prosélitos plenos y limitados refleja, en forma de sombra, la distinción bíblica y patrística entre **salvación de los elegidos** y **salvación para los no elegidos**. La primera implica una participación plena en el pacto y la herencia celestial; la segunda refleja la inclusión misericordiosa de Dios de los justos de entre las naciones—aquellos que, aunque fuera de la Iglesia, cumplen su ley moral y muestran misericordia a su pueblo.

2.11 Ovejas del Otro Redil

La expresión *"ovejas que no son de este redil"*, que aparece en Juan 10:16, ha sido interpretada desde antiguo por muchos Padres de la Iglesia como una referencia a los creyentes gentiles que serían posteriormente unidos al rebaño judío por medio del evangelio. Si bien esta interpretación ganó popularidad en los escritos patrísticos posteriores, es notablemente ausente en las obras de los Padres de la Iglesia quiliastas, como **San Justino Mártir** y **San Ireneo de Lyon**, figuras valoradas a menudo por su cercanía a la enseñanza apostólica.

En lugar de ello, **Ireneo** parece presentar una visión más compleja, una que podría implicar **dos grupos de ovejas** salvadas en momentos distintos, separados por 1.000 años. El primer grupo participa en la primera resurrección durante los **"tiempos del Reino"**—el reinado milenial de Cristo—y está asociado con la salvación de los elegidos. El segundo grupo resucita en la **resurrección general** en la última trompeta—un evento separado que Ireneo llama **"después de los tiempos del Reino"**. Este segundo grupo podría corresponder a las ovejas no-electas, posiblemente identificadas como las **"ovejas del otro redil"**.

En los escritos tanto de **Justino Mártir** como de **Ireneo**, estas ovejas no judías no son descritas usando el término **"otro redil"**, sino más bien como ovejas "manchadas" o "de color". Estos calificativos enfatizan distinciones externas, como la etnicidad o diferencias visibles, en lugar de una identidad interna de pacto. En contraste, la palabra griega para **"redil"** ($αὐλῆς$, *aulēs*) no se refiere a las ovejas en sí, sino a su lugar de morada—un corral o encierro. Por lo tanto, la distinción no es física ni racial, sino **geográfica o posicional**: las ovejas electas pertenecen al redil celestial—**la Nueva Jerusalén**—mientras que las ovejas no-electas podrían ser asignadas a la **nueva tierra**, fuera de las puertas de la ciudad, pero aún dentro del Reino de Dios.

Fuentes tempranas como **Clemente de Alejandría** también sugieren que las *"ovejas del otro redil"* podrían referirse a personas que pasan por un juicio post mortem y son colocadas en un estado final inferior. Algunos, dentro de la tradición católica, han visto en esto las raíces del pensamiento purgatorial. Sin embargo, también podría sustentar el marco más amplio de una **salvación** para los **no elegidos**, especialmente para aquellos que responden a la verdad después de la muerte, como lo implican ciertos pasajes de textos antiguos.

Una fuente particularmente rica es una cita compleja de **Ireneo**, en la que se refiere a un grupo de *"ovejas perdidas"* que el Salvador vino a recuperar y trasladar a su derecha—ovejas que no fueron destruidas, sino que eran del redil y estaban a la izquierda. Ireneo critica a los gnósticos por usar esta imagen para construir una teoría numerológica que no logra completar el número total de 100 ovejas. Advierte que el "goce del descanso" por sí solo no implica salvación. Sin embargo, incluso esta crítica sugiere que algunas de esas ovejas sí encuentran descanso y son trasladadas a la derecha—haciendo eco de la imagen de Mateo 25:31-46, donde Cristo separa a las ovejas de los cabritos.

Este acto de separar a las **ovejas de los cabritos** en la **segunda resurrección** (después del reinado de mil años) sugiere que estas ovejas—aunque no estén entre los elegidos glorificados—son aún salvas mediante el juicio, no excluidas de la misericordia de Dios. Si esto es correcto, concuerda con la idea de que las *"ovejas del otro redil"* representan un grupo distinto, salvado después de la muerte, no durante la era presente ni en el Reino Milenial, sino en el **Día del Juicio** mismo.

En este contexto, el *Apocalipsis de Abraham*, un escrito judío no canónico, ofrece una visión similar: personas situadas al lado izquierdo de una imagen divina son juzgadas, y algunas son trasladadas al lado derecho para ser restauradas. Aunque no es un texto inspirado, estos escritos reflejan antiguas tradiciones y ofrecen una perspectiva sobre las expectativas judeocristianas tempranas acerca de la misericordia posterior al juicio.

Finalmente, otra afirmación de **Ireneo** podría reforzar aún más esta perspectiva. Él distingue entre las ovejas salvas de Israel y las ovejas perdidas—estas últimas tal vez refiriéndose a aquellos que no son salvos en esta vida, pero que podrían ser recuperados más adelante. Habla de Cristo descendiendo a las partes inferiores de la tierra, en busca de las *"ovejas que se habían perdido"*. Este lenguaje de descenso no se refiere al ministerio terrenal, sino al mundo espiritual—lo que sugiere que algunos podrían ser salvos **después de la muerte**, aunque no como parte de la Esposa de Cristo, la Iglesia.

En resumen, aunque la teología posterior suele limitar el significado de *"otras ovejas"* a los conversos gentiles, la interpretación quiliasta más temprana—especialmente en **Ireneo**—abre la posibilidad de que Jesús estuviera hablando de un grupo futuro, salvado no por su condición de elegidos, sino por **la misericordia divina posterior al juicio**. Este grupo, resucitado junto con los impíos, pero separado como justo en aquel día, podría representar a las **ovejas no elegidas del otro redil**.

2.12 Evidencia India – Sadhu Sundar Singh y D.G.S. Dhinakaran

El Dr. **D.G.S. Dhinakaran** (1935–2008), fundador del ministerio *Jesus Calls*, fue uno de los predicadores evangélicos más destacados de la India. Otra figura imponente dentro del cristianismo indio fue **Sadhu Sundar Singh** (1889–1929), cuya vida, escritos y misteriosa desaparición en los Himalayas influyeron profundamente en generaciones de creyentes indios. El testimonio de conversión de Sundar Singh es impactante: tras años de hostilidad hacia el cristianismo —incluyendo quemar una Biblia y planear quitarse la vida—, afirmó que **Cristo se le apareció personalmente**, lo que resultó en una transformación radical de su corazón y su llamado.

Lo que hace a **Sundar Singh** particularmente relevante para este estudio es su afirmación constante de haber presenciado **salvación** para los **no elegidos** durante visiones en el mundo espiritual. Relató encuentros en los que individuos —incluyendo a un ateo sincero y a un idólatra hindú— fueron salvados tras experimentar el juicio en el ámbito espiritual. En estos relatos, llegaron a reconocer a Cristo y fueron finalmente recibidos en comunión divina—no como santos glorificados, sino como aquellos a quienes se les mostró misericordia por medio del arrepentimiento después de la muerte.

Una de sus visiones describía a un filósofo que había vivido con conciencia moral, pero sin fe. Al morir, su espíritu vagaba en tinieblas, tropezando en confusión hasta que el arrepentimiento ablandó su corazón. Luego recibió instrucción de seres angelicales y fue conducido gradualmente a la luz de Dios. Otro relato presentaba a un idólatra devoto que, al darse cuenta en el mundo espiritual de que había un solo Dios verdadero, y que Cristo era su manifestación, se arrepintió sinceramente. Cristo se le apareció en una luz tenue, y sus errores fueron lavados. Él, y otros como él, fueron entonces recibidos con gozo por santos designados para guiar a tales almas.

Sundar Singh también registró que **Swedenborg**, el místico y teólogo del siglo XVIII que promovía una forma de **salvación** para los **no elegidos**, se le apareció en estas visiones. Afirmó que sus conversaciones confirmaban la realidad de una salvación post mortem para algunas almas. El mismo **Swedenborg** escribió sobre encuentros en el mundo espiritual con figuras como San Agustín de Hipona, y sostenía ideas similares acerca de la misericordia divina extendiéndose más allá de la vida terrenal.

A pesar de lo controvertido de estas afirmaciones, el Dr. Dhinakaran testificó que él mismo encontró a Sundar Singh en el cielo. Escribió: *"Hubo ocasiones en las que el Señor me permitió pasar un tiempo en el **Segundo Cielo** con Sadhu Sundar Singh, el gran y reconocido Santo de la India. El gozo divino reflejado en su rostro es indescriptible"*. El trasfondo pentecostal de Dhinakaran no le impidió afirmar la autenticidad de Sundar Singh, aun cuando Singh no era pentecostal.

Muchos pentecostales y carismáticos tienen en alta estima las visiones de Dhinakaran. Si realmente vio a Sundar Singh en el cielo, entonces o bien las creencias de Singh sobre la salvación no-electa eran correctas, o—si estaban equivocadas—tales ideas no lo descalificaron de la gracia de Dios. Esta distinción es crucial: implica que el error teológico en materias escatológicas secundarias no necesariamente pone en peligro la salvación de una persona, especialmente cuando el núcleo de la fe en Cristo permanece firme.

Como señala el autor, esta sección **no es una declaración dogmática, sino una presentación de evidencia sólida**. Aunque mantiene la esperanza de que la salvación no-electa resulte ser verdadera, el autor permanece neutral en asuntos que no pueden ser confirmados de este lado de la eternidad. En lo que respecta a asuntos proféticos y visiones, adopta una postura cuidadosa—argumentando en favor del caso más probable, mientras deja claramente establecidas las áreas de incertidumbre.

Este enfoque encuentra precedente en **San Justino Mártir**, quien escribió que ningún creyente entra al cielo antes de la resurrección corporal, ya que la transición del *"cuerpo natural"* al *"cuerpo espiritual"* debe ocurrir para ingresar a los cielos finales. Justino no negaba que puedan ocurrir visiones celestiales, como en 2 Corintios 12:2, pero se oponía a enseñanzas que afirmaban la existencia del espíritu desencarnado en el cielo, aparte de la resurrección corporal. Su perspectiva fue moldeada por la tradición quiliasta, que sostenía una resurrección física de los santos antes de su entrada glorificada al cielo.

Así, la postura de Justino no entra en conflicto con las visiones de Dhinakaran o Singh—si se entienden como vislumbres concedidos por Dios, no como estados permanentes de gloria desencarnada. Incluso la propia resurrección de Cristo demuestra este orden: no ascendió al cielo sino hasta después de su resurrección corporal. Del mismo modo, los creyentes esperan su transformación antes de entrar en los cielos finales.

El testimonio cristiano indio, especialmente de figuras respetadas como Sadhu Sundar Singh y D.G.S. Dhinakaran, ofrece un testimonio cultural único sobre la posibilidad teológica de una **salvación** para los **no elegidos**. Aunque estas experiencias no poseen autoridad escritural, resuenan con el patrón más amplio hallado en los escritos de la Iglesia primitiva y en la profecía bíblica—mostrando que la misericordia de Dios puede ser más profunda y más amplia de lo que las categorías tradicionales han permitido.

¿Y si la salvación para los no elegidos resulta ser falsa? El profeta **Jeremías** advierte que, si alguien habla una interpretación propia sin atribuirle autoridad divina y esta resulta incorrecta, el error no es necesariamente condenatorio. Sin embargo, si alguien afirma falsamente: "Dios me dijo esto", y tal afirmación resulta ser falsa, entonces es culpable de usar indebidamente el nombre de Dios y puede incurrir en vergüenza o juicio eterno. El término hebreo *olam*—a menudo traducido como "eterno" o "perpetuo"—aparece dos veces en ese contexto, subrayando la gravedad de una falsa representación profética.

¿Pero y si la salvación para los no elegidos resulta ser verdadera? Si así fuera, entonces la afirmación de Jesús de que "pocos" son salvos podría referirse a la **salvación de los elegidos**—aquellos que se convierten en su Esposa y entran en el cielo—, mientras que los "muchos" por quienes Cristo murió podrían incluir a otros que, aunque no estén entre los santos glorificados, reciben igualmente vida eterna en la **nueva tierra**. Estos son llamados por la Esposa a beber del agua de la vida, la cual fluye libremente en ese reino final sobre la tierra. Como describe Apocalipsis 22, las hojas del árbol de la vida son dadas para **la sanidad de las naciones**—posiblemente aquellas salvadas por fuego, aunque no glorificadas.

Estas personas no son la Iglesia, la cual ya ha resucitado y reina durante 1.000 años en la línea de tiempo quiliasta. Por lo tanto, sería difícil imaginar que los elegidos necesiten sanidad después de haber sido glorificados. En cambio, es más coherente con la profecía que las *"naciones"* fuera de la Nueva Jerusalén—descritas en Apocalipsis 21:24–26—sean los no-electos salvados tras el juicio. Daniel 12 también podría apoyar esta idea, al declarar que *"muchos serán purificados, emblanquecidos y probados por fuego"*—una posible referencia a una **salvación** para los **no elegidos** mediante el juicio.

Esta posibilidad podría explicar por qué algunos pasajes sugieren que se salvará un grupo más grande del que usualmente se enseña. Los creyentes electos podrían ser un subconjunto de esa gran multitud, diferenciados no por su redención básica, sino por su herencia y gloria.

El concepto de **salvación** para los **no elegidos no se propone aquí como una doctrina, sino como una hipótesis académica.** No puede afirmarse con certeza y, por lo tanto, debe sostenerse con humildad y de forma provisional. Es una posibilidad interpretativa extraída directamente de la Escritura y de la historia de la Iglesia, con la intención de estar alineada con el significado literal del texto bíblico. En ese sentido, su inclusión es un ejercicio académico—no una exigencia de afirmación dogmática.

Para hablar de profecía con responsabilidad, uno debe evitar las interpretaciones privadas. Por eso, este trabajo se basa extensamente en los escritos de los Padres de la Iglesia quiliastas, y no en especulaciones modernas. Aun si la interpretación resultara ser inexacta, la honestidad de tal investigación—arraigada en fuentes históricas—no debería ser motivo de reproche. Dios no condena los esfuerzos sinceros hechos con reverencia y cuidado académico, especialmente cuando se presentan como posibilidades y no como afirmaciones presuntuosas.

Así, la **salvación** para los **no elegidos** no se presenta como un evangelio rival, sino como un posible marco interpretativo para reconciliar la justicia de Dios con su misericordia. Ya sea en el mundo espiritual, durante la segunda resurrección, o en la restauración final, la esperanza permanece en que la expiación de Cristo alcance más lejos de lo que tradicionalmente se ha asumido—salvando no solo a la Esposa elegida, sino también llamando a otros, diciendo:

"Ven. Y el que oye, diga: Ven. Y el que tiene sed, venga; y el que quiera, tome del agua de la vida gratuitamente" (**Apocalipsis 22:17**)

Jonathan Ramachandran

CAPÍTULO 2 La División de los 1000 Años: Profecía y las Dos Resurrecciones

Introducción

Este ensayo presenta una investigación original sobre un tema rara vez abordado entre teólogos y estudiosos de la Biblia: la posibilidad de que **1 Tesalonicenses 4:17** y **1 Corintios 15:52** describan dos eventos proféticos distintos, separados por un lapso de **1,000 años**. Aunque muchos asumen que estos versículos describen un solo evento—comúnmente conocido como el **"rapto"**—un examen detallado de los **Padres de la Iglesia Quiliastas** revela que ellos entendían estos textos de una manera muy diferente.

Los pasajes en cuestión dicen lo siguiente:

"Luego nosotros los que vivimos, los que hayamos quedado, seremos arrebatados juntamente con ellos en las nubes para recibir al Señor en el aire, y así estaremos siempre con el Señor" (**1 Tesalonicenses 4:17**).

"Pero esto digo, hermanos: que la carne y la sangre no pueden heredar el reino de Dios, ni la corrupción hereda la incorrupción. He aquí, os digo un misterio: No todos dormiremos; pero todos seremos transformados, en un momento, en un abrir y cerrar de ojos, a la final trompeta; porque se tocará la trompeta, y los muertos serán resucitados incorruptibles, y nosotros seremos transformados" (**1 Corintios 15:50–52**).

En la escatología cristiana tradicional—ya sea **pretribulacional**, **mesotribulacional** o **postribulacional**—estos dos versículos se interpretan casi universalmente como una referencia a un **mismo evento de resurrección futura**. Esta interpretación parte del supuesto de que la **"trompeta"** mencionada en ambos pasajes es la misma, anunciando la transformación de los santos y su reunión con Cristo. **Pero ¿y si ese supuesto es incorrecto?**

En este ensayo, exploraremos un marco profético literal **arraigado en el quiliasmo**—la creencia cristiana primitiva en un **reinado de Cristo sobre** la tierra durante 1,000 años después de Su segunda venida. Según esta perspectiva, **1 Tesalonicenses 4:17** se refiere a la **primera resurrección**, que ocurre en la **segunda venida de Cristo**, cuando los creyentes son resucitados en cuerpos humanos sin pecado para reinar con Él en la tierra. Mientras tanto, **1 Corintios 15:52** hace referencia a una **segunda y última transformación**—en cuerpos angélicos y celestiales—la cual tiene lugar **después de los 1,000 años**, en la **resurrección general y el juicio final**.

Este enfoque puede describirse como una especie de **arqueología profética**—una redescubierta de percepciones interpretativas que en su momento fueron sostenidas por la **Iglesia primitiva**, pero que más tarde se perdieron u olvidaron. Los **Padres de la Iglesia** que se adhirieron al **quiliasmo**—incluidos **Tertuliano, Victorino, Metodio e Ireneo**—ofrecen un testimonio consistente y convincente que respalda esta visión. Sus escritos revelan una **escatología estructurada en dos fases**: primero, una **resurrección terrenal** para reinar en la tierra, y más adelante, una **transformación celestial** para la vida eterna en los **nuevos cielos**.

Si esta distinción resulta válida, no solo transforma nuestra comprensión de los **tiempos finales**, sino que también ayuda a resolver tensiones en la **línea de tiempo bíblica**. Da cuenta de las **dos resurrecciones** descritas en **Apocalipsis 20**, de los **dos toques de trompeta**, y de las **dos etapas de glorificación**—primero **humana**, y luego **angélica**. También nos permite distinguir entre los **cielos y tierra actuales**, que aún son accesibles al pecado, y los **nuevos cielos y nueva tierra**, que son completamente **incorruptibles** (**Apocalipsis 21:1**).

Las implicancias son significativas: lo que muchos han fusionado como un solo evento podría, en realidad, ser **dos hitos proféticos**, separados por un **milenio literal**. Este ensayo evaluará cuidadosamente ambos textos en su **contexto bíblico e histórico**, examinará el testimonio de los **Padres de la Iglesia**, y abordará las **objeciones al marco quiliasta**.

Al hacerlo, esperamos **recuperar una clave olvidada para una mayor claridad escatológica**—y ofrecer una humilde invitación a reconsiderar lo que la Escritura quizás esté diciendo de forma más clara de lo que antes habíamos comprendido.

PAPÍAS DE HIERÁPOLIS

¿Quién fue Papías?

Papías de Hierápolis (c. 60–163 d.C.) fue uno de los primeros **Padres de la Iglesia** posteriores a la era apostólica, conocido por preservar la enseñanza apostólica a través de la tradición oral. Oyente del **apóstol Juan y**

compañero de Policarpo, Papías es citado con frecuencia por Ireneo y Eusebio como un testigo confiable de la doctrina cristiana primitiva. Aunque gran parte de su obra se conserva solo en fragmentos, sus afirmaciones sobre la resurrección y el reinado milenial poseen un peso teológico considerable.

Papías es, quizás, el primer defensor registrado del quiliasmo—la creencia de que Cristo regresará para establecer **un reinado literal de 1,000 años en la tierra**, durante el cual los fieles serán resucitados y recompensados en forma humana antes de la glorificación final hacia una existencia **celestial e incorruptible**.

Uno de los fragmentos más reveladores atribuidos a Papías describe una **estructura triple del estado final de los salvos**, basada en la **Parábola del Sembrador** y la enseñanza de Jesús en **Juan 14:2**. Él escribe:

"Como dicen los presbíteros, aquellos que sean considerados dignos de una morada en el cielo irán allí; otros disfrutarán de los deleites del Paraíso, y otros poseerán el esplendor de la ciudad; pues en todas partes el Salvador será visto, conforme a la dignidad de aquellos que lo vean. Pero existe esta distinción entre la morada de los que producen al ciento por uno, al sesenta por uno, y al treinta por uno; los primeros serán llevados a los cielos, la segunda clase habitará en el Paraíso, y los últimos residirán en la ciudad; y que por esta razón el Señor dijo: 'En la casa de mi Padre muchas moradas hay'" (**Juan 14:2**).

Este pasaje sugiere que los tres grupos—los del ciento por uno, sesenta por uno y treinta por uno—serán salvos, pero cada uno heredará un nivel distinto de **recompensa** y **proximidad a Cristo**. La morada celestial, el Paraíso y la ciudad de la Nueva Jerusalén representan grados ascendentes de bienaventuranza. Es importante destacar que esto refleja un modelo gradual de glorificación, en el cual los creyentes reciben herencias diferentes según su fecundidad espiritual.

Antes de presentar la cita de Papías, el autor de este ensayo señala acertadamente la **limitada evidencia bíblica** sobre la existencia de múltiples "cielos". El apóstol Pablo habla del **"tercer cielo"** en **2 Corintios 12:2**, identificándolo como el **Paraíso**. Algunas tradiciones judías también describen **múltiples esferas celestiales**, lo que sugiere un marco que distingue entre diferentes niveles o dominios celestiales. Papías parece apoyarse en ese trasfondo al describir los destinos finales de los creyentes.

Ireneo, quien tenía a Papías en alta estima, confirma esta visión escalonada de la vida después de la muerte y afirma su alineación con la enseñanza apostólica. Según este marco, la **Nueva Jerusalén**—que desciende del cielo en Apocalipsis 21—es probablemente el nivel más bajo del reino celestial. Sirve como el hogar final del grupo con recompensa al treinta por uno y podría representar un lugar de reunión compartido para todos los salvos, aunque no todos experimentan el mismo grado de proximidad a la gloria de Dios.

Esta estructura también respalda la **línea de tiempo quiliasta** más amplia que se sostiene en este ensayo. Los **santos** son **resucitados en cuerpos humanos naturales sin pecado** en el regreso de **Cristo (1 Tesalonicenses 4:17)** para reinar durante el milenio. Después de los **1,000 años**, son **glorificados en cuerpos angélicos y celestiales** en el **juicio final (1 Corintios 15:52)**. El modelo de gradación de Papías implica que la glorificación suprema—ser llevado a los cielos más altos—es una recompensa para quienes produjeron el mayor fruto espiritual, en coherencia con la doctrina de los grados de recompensa en la eternidad.

Además, Papías describe esta disposición final como el "lecho" en el que los salvos se recostarán durante las bodas del Cordero. Esta imagen hace eco de Apocalipsis 19 y de las propias parábolas de Cristo sobre las invitaciones al banquete, afirmando aún más un cumplimiento literal y ordenado de la historia de la salvación.

En resumen, **Papías** ofrece un testimonio temprano y contundente en favor de una **escatología en dos fases**:

1. **Resurrección y reinado milenial** en forma humana glorificada (gobierno terrenal).

2. **Glorificación final** y traslación a dominios celestiales distintos, conforme a la recompensa y madurez espiritual.

Su testimonio precede al de muchos otros Padres de la Iglesia y posee una credibilidad única debido a su conexión directa con el círculo apostólico. En este sentido, la visión de Papías confirma que **1 Tesalonicenses 4:17** y **1 Corintios 15:52** describen **dos hitos proféticos distintos**, separados por un **milenio literal** y culminando en una **jerarquía divinamente ordenada de recompensa eterna**.

EL PASTOR DE HERMAS

Entre los escritos cristianos primitivos, **El Pastor de Hermas** ocupa una posición única. Aunque no forma parte del **canon bíblico** para la mayoría de las tradiciones cristianas actuales, fue considerado **Escritura** o **casi Escritura** por varios **Padres de la Iglesia** en los primeros siglos. Entre ellos se encuentran **Padres quiliastas** como **Ireneo de Lyon** e incluso **Tertuliano**, quienes lo consideraban con profundo respeto teológico. **El Pastor** fue incluido en varias **colecciones bíblicas antiguas**, como el **Canon Muratoriano** en Occidente y el **Códice Sinaítico** en Oriente.

De hecho, Ireneo lo citó como "Escritura", lo cual demuestra la alta autoridad que tenía en la teología cristiana primitiva: «Verdaderamente, pues, declaró la Escritura, que dice: "Antes que nada, cree que hay un solo Dios, que ha establecido todas las cosas…"» Esta cita concuerda con una sección preservada de *El Pastor*, lo que confirma su aceptación temprana como un texto inspirado o semiinspirado.

El Fragmento Muratoriano, fechado alrededor del año 170 d.C., reconoce que Hermas escribió *El Pastor* durante el tiempo en que su hermano Pío era obispo de Roma. Aunque no podía leerse en las iglesias como Escritura canónica, el texto afirma que seguía siendo valioso para la lectura privada y la edificación espiritual:

«**Por tanto, ciertamente debe ser leído**; pero no puede leerse públicamente al pueblo en la iglesia, ni entre los Profetas… ni entre los Apóstoles, porque es posterior a su tiempo».

Incluso **San Atanasio el Grande**, quien formalmente enumeró los 27 libros del Nuevo Testamento, no condenó *El Pastor*; de hecho, lo colocó al mismo nivel que **Ester**, un libro que aún está incluido en las Biblias protestantes actuales.

Teológicamente, *El Pastor* presenta la salvación de los elegidos mediante la imagen de una **Torre de Arrepentimiento**, que representa a la Iglesia. En una de sus parábolas, la Iglesia es descrita como una torre en construcción, y las personas son simbolizadas como piedras que están siendo examinadas para su colocación:

"La torre que ves edificándose soy yo misma, la Iglesia… Pregunta, entonces, lo que desees respecto a la torre, y te lo revelaré, para que te regocijes con los santos".

Esta **"torre de los elegidos"** representa a aquellos que son contados entre los justos, los miembros de la Iglesia que viven en arrepentimiento y obediencia.

Sin embargo, lo especialmente relevante para este ensayo es el tratamiento que *El Pastor* da a la **salvación de los no elegidos**. De manera singular, sugiere que podría haber salvación **fuera de la torre**, en un lugar de menor gloria, reservado para aquellos que alguna vez oyeron el Evangelio e incluso desearon el bautismo, pero no lo llevaron a cabo o cayeron en pecado persistente. La visión dice:

«¿Deseas saber quiénes son los otros que cayeron cerca de las aguas, pero no pudieron ser rodados dentro de ellas? Estos son los que han oído la palabra y desean ser bautizados... pero nuevamente caminan tras sus propios deseos malvados».

Cuando se le pregunta si estas **"piedras rechazadas"** aún pueden ser salvas, el ángel responde:

«El arrepentimiento aún es posible, pero en esta torre no pueden hallar un lugar adecuado. Sino que, en otro lugar, **mucho más inferior**, serán colocados... solo cuando hayan sido atormentados y hayan cumplido los días de sus pecados. Y por esta causa serán trasladados, porque han participado de la **Palabra justa**».

Esto sugiere una forma de **salvación posterior al juicio**, pero distinta en gloria y estatus de la que reciben los elegidos. Su salvación está condicionada al arrepentimiento mediante un tiempo de sufrimiento o corrección—aquello que se asemeja, aunque no es idéntico, al purgatorio católico posterior. Es fundamental notar que *El Pastor* declara que estos individuos **no serán colocados en la torre**, sino en **otro lugar completamente distinto**.

Este pasaje también contribuye al modelo de **salvación para los no elegidos** que se ha explorado a lo largo de este ensayo. La **"torre"** puede simbolizar la morada de los elegidos en los **nuevos cielos**, mientras que aquellos colocados afuera—luego del juicio y la corrección purificadora—podrían representar a los **no elegidos redimidos**, quienes heredan un lugar en la **nueva tierra**, separados de la gloria más alta, pero **salvos, no obstante**.

Incluso **Tertuliano**, aunque fue cauteloso respecto a algunas de las implicancias de *El Pastor*, afirmó la autenticidad de este texto. Reconoció que, si bien no fue aceptado en el canon oficial debido a la fecha de su autoría, su mensaje **no podía ser fácilmente descartado**. Él escribió:

«Yo, sin embargo, me nutro de las Escrituras de aquel Pastor que no puede ser quebrantado».

Así, aunque Tertuliano luchaba con las implicancias de su generosa oferta de **misericordia póstuma**, aún lo trataba como una **fuente teológica seria**, especialmente al describir una categoría de salvación que **no alcanza la elección**, pero que **evita la perdición**.

En resumen, *El Pastor de Hermas* ofrece un testimonio único sobre las visiones cristianas primitivas tanto de la salvación de los elegidos como de la salvación de los no elegidos. Afirma la primera resurrección y la glorificación de los santos, pero deja abierta una segunda esperanza, de menor rango, para aquellos que no lograron entrar en la torre de la Iglesia, pero que participaron de la **Palabra de Cristo**. Esto encaja perfectamente en el marco más amplio de una **brecha milenial entre dos resurrecciones** y dos tipos de herencia final: **gloria para los elegidos**, y **misericordia para los arrepentidos entre los no elegidos**.

JUSTINO DE ROMA

¿Quién fue Justino?

Comencemos con **Justino de Roma** (también conocido como **Justino Mártir**, c. 100–160 d.C.), uno de los apologistas cristianos primitivos más influyentes. También llamado **Justino de Neápolis**, es reconocido por múltiples tradiciones cristianas —incluyendo el catolicismo, la ortodoxia, el anglicanismo y el luteranismo— como santo y mártir. Firme defensor del quiliastismo, Justino afirmó un reinado literal de 1.000 años de Cristo en la tierra, lo que lo alinea con el marco escatológico más temprano de la Iglesia. Sigue siendo una voz autorizada tanto en la filosofía teológica como en la interpretación bíblica.

Justino afirma claramente que solo hay **dos venidas públicas de Cristo**: la primera, en humildad y sufrimiento, y la segunda, en gloria y juicio. **No hay referencia a un rapto secreto o pretribulacional de los fieles** antes del surgimiento del Anticristo. En cambio, Justino sostiene que la **segunda venida de Cristo ocurre después de que se manifieste el hombre de iniquidad** y comience a perseguir a los cristianos—un contexto que **se alinea con 1 Tesalonicenses 4:17**, y no con una escapatoria previa a la tribulación.

> En el *Diálogo con Trifón*, Justino escribe:
>
> «¡Oh hombres sin entendimiento! Que no comprenden lo que ha sido demostrado por todos estos pasajes: que se han anunciado dos venidas de Cristo: la una, en la que se le presenta como sufriente, sin gloria, deshonrado y crucificado; y la otra, en la que vendrá desde el cielo con gloria, cuando el hombre de apostasía, que habla cosas extrañas contra el Altísimo, se atreva a hacer actos ilícitos en la tierra contra nosotros, los cristianos... Porque los profetas han proclamado dos venidas suyas: la una, la que ya ha pasado, cuando vino como un hombre deshonrado y sufriente;

pero la segunda, cuando, según la profecía, vendrá desde el cielo con gloria, acompañado por su hueste angelical, cuando también resucitará los cuerpos de todos los hombres que han vivido, y revestirá con inmortalidad a los dignos, y enviará a los malvados, dotados de sensibilidad eterna, al fuego eterno junto con los demonios impíos».

Algunos podrían leer esta declaración y asumir que Justino creía en un único evento de resurrección—uno en el que tanto los justos como los impíos serían resucitados al mismo tiempo. Sin embargo, esto sería una mala interpretación. El pasaje citado es una declaración resumida, no una cronología detallada. En otros lugares de sus escritos, Justino afirma claramente un reinado literal de 1.000 años de Cristo que precede a la resurrección general y al juicio.

En otra parte del *Diálogo con Trifón*, Justino escribe:

"Pero yo, y otros que somos cristianos rectos en todos los aspectos, estamos plenamente convencidos de que habrá una resurrección de los muertos, y mil años en Jerusalén, la cual será entonces edificada, embellecida y engrandecida, tal como lo declaran los profetas Ezequiel e Isaías, entre otros... Y además, hubo entre nosotros cierto hombre, cuyo nombre era Juan, uno de los apóstoles de Cristo, quien profetizó por una revelación que le fue dada, que aquellos que creyeran en nuestro Cristo habitarían mil años en Jerusalén; y que después de esto tendría lugar también la resurrección general —y, en suma— el juicio eterno de todos los hombres".

Este pasaje presenta claramente una **secuencia de resurrección en dos fases**:

1. La **primera resurrección**, reservada para los elegidos, quienes son resucitados para reinar con Cristo en una Jerusalén restaurada durante mil años.

2. La **resurrección general**, que tiene lugar después del milenio, incluye tanto a los justos que no participaron en la primera resurrección como a los impíos, quienes son juzgados y condenados.

Este marco es coherente con Apocalipsis 20:4–6, donde se habla de una primera resurrección y de una segunda muerte. El lenguaje de Justino refleja esta secuencia bíblica: **los que participan en la primera resurrección son bienaventurados y santos, mientras que el resto de los muertos no volvió a vivir hasta que se cumplieron los mil años.**

Así, en la teología de Justino, 1 Tesalonicenses 4:17 se refiere a la **primera resurrección**, cuando los creyentes se encuentran con Cristo en su segunda venida para dar inicio al reinado milenial. Mientras tanto, 1 Corintios 15:52 —donde Pablo habla de una transformación "al toque de la última trompeta"— se refiere al cambio final que ocurre después de los mil años, cuando la mortalidad es absorbida completamente por la inmortalidad. Esto armoniza con otros Padres quiliastas y ofrece un sólido respaldo textual a la existencia de un intervalo profético de mil años entre estos dos versículos.

El testimonio de Justino Mártir sirve como fundamento para este modelo interpretativo. Presenta una escatología que es tanto bíblica como antigua, arraigada no en especulación, sino en la tradición apostólica. Lejos de ser una idea marginal, esta distinción entre dos etapas de resurrección y glorificación fue, en su tiempo, parte del pensamiento cristiano predominante. Redescubrirla hoy podría ayudar a **restaurar la precisión teológica** en la comprensión profética de la Iglesia.

IRENEO DE LYON

¿Quién fue Ireneo?

San Ireneo de Lyon (c. 130–202 d.C.) fue un destacado Padre de la Iglesia primitiva y teólogo, ampliamente respetado por preservar y defender la doctrina apostólica. Discípulo de **Policarpo** —quien a su vez fue enseñado por el apóstol Juan—, Ireneo constituye un vínculo fundamental entre la Iglesia del Nuevo Testamento y el cristianismo del siglo II. Su obra teológica más importante, *Contra las Herejías*, refuta las distorsiones gnósticas y presenta una defensa sólida de la escatología cristiana ortodoxa, incluyendo un reinado literal de mil años de Cristo en la tierra. Entre los primeros defensores del Chiliasmo, Ireneo se destaca por su comprensión detallada y estructurada de la resurrección y glorificación de los santos.

En el *Libro 5* de *Contra las Herejías*, Ireneo afirma una transformación post-resurrección en dos etapas. Primero, los justos son resucitados para reinar con Cristo durante el milenio. Luego, después del juicio final y la destrucción de los cielos y la tierra actuales, los fieles son trasladados al reino eterno del cielo. Él escribe:

"Porque era necesario, primero, que se manifestara la naturaleza; y luego, que lo mortal fuera vencido y absorbido por la inmortalidad, y lo corruptible por la incorrupción, y que el hombre fuera hecho conforme a la imagen y semejanza de Dios, habiendo recibido el conocimiento del bien y del mal".

ESPERANZA MÁS ALLÁ DE LOS ELEGIDOS

Esto se alinea con la enseñanza de Pablo en 1 Corintios 15:52, donde los creyentes son "transformados en un instante, en un abrir y cerrar de ojos"—una transformación que Ireneo sitúa **después del milenio**, cuando los justos heredan cuerpos celestiales e incorruptibles.

Ireneo profundiza aún más:

> "Estas cosas son heredadas por el Espíritu cuando son trasladadas al reino de los cielos. Por esta razón también murió Cristo, para que el pacto del Evangelio... pudiera, en primer lugar, libertar a sus siervos; y luego, posteriormente... constituirlos herederos de su propiedad, cuando el Espíritu los poseyera por herencia".

Ireneo explica que **la carne y la sangre no pueden heredar el reino de Dios**—una frase tomada directamente de 1 Corintios 15:50—y advierte que, sin la presencia del Espíritu en su interior, los creyentes siguen siendo "simplemente carne y sangre", y por lo tanto, **no aptos para el reino final**.

En este modelo, los **elegidos son primero resucitados en cuerpos naturales sin pecado** para reinar en la tierra (durante el milenio), y luego **transformados en cuerpos espirituales** para heredar los nuevos cielos.

Esta secuencia **no es alegórica**. Ireneo describe a la Iglesia como una **"hermosa torre de los elegidos"** que está siendo edificada en toda la tierra—una imagen parabólica que también se encuentra en el *Pastor de Hermas*, un texto que él consideraba como Escritura. Los **elegidos participan en la primera resurrección, reinan durante los mil años**, y solo después son **glorificados con la plena herencia celestial**.

Él escribe:

> "Los vivos heredan, pero la carne es heredada... a menos que el Verbo de Dios habite en vosotros, y el Espíritu del Padre esté en vosotros... no podéis heredar el reino de Dios".

Esto guarda paralelismo con Apocalipsis 21, donde la **Esposa desciende del cielo después del milenio**—lo que sugiere que la glorificación descrita en 1 Corintios 15:52 ocurre en ese momento, y no antes.

Para Ireneo, entonces, **la resurrección en el regreso de Cristo aún no es la glorificación**. Es una **etapa de restauración** a una humanidad sin pecado, que sigue siendo distinta del estado final, **angélico y glorificado**. El verdadero "cambio" completo ocurre después, en una **segunda transformación**, cuando "la mortalidad sea absorbida por la vida".

Esta interpretación **refuerza la posición** de que 1 Tesalonicenses 4:17 describe la **primera resurrección**—un retorno a la vida corporal para los santos, con el propósito de **reinar con Cristo**—mientras que 1 Corintios 15:52 describe la **glorificación final** en cuerpos espirituales, aptos para el cielo, lo cual ocurre **después del reinado milenial y del juicio final**.

En la teología de Ireneo, como en la tradición más amplia del quiliasmo, esta esperanza en **dos fases** ofrece una visión majestuosa del orden redentor de Dios: primero, una tierra purificada bajo el gobierno de Cristo; luego, un cosmos eterno e incorruptible donde los justos habitan en plena gloria divina.

TERTULIANO

¿Quién fue Tertuliano?

Tertuliano (c. 155–240 d.C.) es ampliamente reconocido como el padre del cristianismo latino y una figura fundamental en el desarrollo del pensamiento teológico occidental. Fue un ferviente defensor del quiliasmo, la creencia en un reinado literal de mil años de Cristo en la tierra después de su segunda venida. Junto con Ireneo de Lyon y Justino de Roma, Tertuliano representa la primera generación de pensadores cristianos post-apostólicos cuyos escritos contienen una profundidad teológica significativa. Aunque Tertuliano no es reconocido como santo por la Iglesia Católica Romana—principalmente debido a su posterior asociación con el montanismo—, sus contribuciones a la doctrina cristiana siguen siendo sustanciales e influyentes.

Tertuliano, al igual que Justino, afirmaba **solo dos venidas de Cristo**: la primera en humildad, ya cumplida, y la segunda en majestad plena y juicio. Él escribe:

> "Nos han sido reveladas dos venidas de Cristo: una primera, que se ha cumplido en la humildad de la condición humana; y una segunda, que se cierne sobre el mundo, ya cercano a su fin, con toda la majestad de la Deidad revelada. Y, por no comprender la primera, han concluido que la segunda—en la cual, por ser más claramente profetizada, han puesto su esperanza—es la única" (*Contra Marción*, Libro 3, Capítulo 25).

No hay en los escritos de Tertuliano ninguna sugerencia de un **rapto secreto** ni de una **remoción de la Iglesia antes de la tribulación**. Por el contrario, él **afirma una reunión post-tribulacional** de los santos en el regreso visible de Cristo, **después de la aparición del Anticristo final**.

ESPERANZA MÁS ALLÁ DE LOS ELEGIDOS

Con respecto a 1 Tesalonicenses 4:17, Tertuliano lo interpreta como una descripción de la **resurrección y transformación de los creyentes en el momento del regreso de Cristo, luego de la tribulación.** Él escribe:

> "Este privilegio espera a aquellos que, en la venida del Señor, sean hallados en la carne, y que, debido a las opresiones del tiempo del Anticristo, merezcan, mediante una muerte instantánea —que se lleva a cabo por un cambio repentino—, ser hechos dignos de unirse a los santos que resucitan..." (*Sobre la Resurrección de la Carne*, Capítulo 42).

Sin embargo, la interpretación de Tertuliano sobre 1 Corintios 15:52 **ubica ese "cambio en un abrir y cerrar de ojos" después del reinado de mil años,** al final de la historia. Escribe una de las distinciones más claras que se encuentran en la literatura cristiana primitiva:

> "Este es el proceso del reino celestial. Después de que se hayan cumplido sus mil años, dentro de los cuales se completa la resurrección de los santos... seguirá la destrucción del mundo y la conflagración de todas las cosas en el juicio: entonces seremos transformados en un instante en la sustancia de los ángeles, mediante la investidura de una naturaleza incorruptible, y así seremos trasladados a ese reino en los cielos... Pero la resurrección es una cosa, y el reino es otra. La resurrección es primero, y luego el reino" (*Contra Marción*, Libro 5, Capítulo 10).

Este pasaje extraordinario **confirma la estructura escatológica en dos etapas** que ya se encuentra en los escritos anteriores:

1. La **primera resurrección** —asociada con 1 Tesalonicenses 4:17— ocurre **al comienzo del milenio**. Los creyentes son resucitados en cuerpos humanos naturales y sin pecado, para reinar con Cristo en la tierra.

2. La **transformación final** —vinculada a 1 Corintios 15:52— tiene lugar **después del milenio**, cuando estos creyentes son transformados en seres angélicos e incorruptibles para habitar eternamente en el reino celestial.

Tertuliano, por tanto, **distingue claramente entre resurrección y transformación** como dos eventos proféticos distintos, separados por mil años. Esto se alinea perfectamente con la visión presentada en Apocalipsis 20, donde se describe la primera resurrección de los santos, seguida por un **largo reinado**, y finalmente el **juicio del resto de los muertos**.

Es importante destacar que Tertuliano no equipara la resurrección de los muertos con la glorificación inmediata. Él considera la resurrección como el **primer paso**, no como la culminación. Solo **después de cumplirse los mil años completos**, la **sustancia de los ángeles** —un cuerpo celestial, apto para el cielo— se convierte en la herencia de los santos. Hace una distinción clara: *"La resurrección es primero, y luego el reino."* Este "reino" **se refiere al ámbito celestial eterno**, no al reinado milenial en la tierra.

En resumen, Tertuliano refuerza la afirmación de que 1 Tesalonicenses 4:17 y 1 Corintios 15:52 describen dos etapas distintas en la línea de tiempo redentora de Dios, **con un milenio literal entre ambas**. Su voz se une a la de Justino e Ireneo para establecer un patrón largamente ignorado por la escatología moderna, pero profundamente arraigado en el testimonio cristiano más antiguo.

VICTORINO

¿Quién fue Victorino?

Victorino de Pettau (también escrito Poetovio, en la actual Ptuj, Eslovenia) fue un **obispo cristiano primitivo y mártir** que vivió durante el siglo III y murió alrededor del año 304 d.C., durante la persecución de Diocleciano. Fue el **primer comentarista en latín del Libro de Apocalipsis**, y sus escritos escatológicos reflejan un **quiliasmo sólido**, una tradición interpretativa arraigada en una comprensión literal del **reinado de mil años de Cristo**. Sus obras se encuentran entre los **comentarios más antiguos que se conservan sobre el Apocalipsis**.

Victorino hace una distinción crucial entre la **trompeta mencionada en 1 Tesalonicenses 4:17** y la **"última trompeta" de 1 Corintios 15:52**. En su visión, la trompeta de Tesalonicenses se refiere al **retorno de Cristo para establecer su reino milenial**, mientras que la trompeta de Corintios apunta a **un momento futuro, después de los mil años**, cuando los cielos y la tierra actuales serán destruidos y los santos plenamente glorificados.

En su Comentario al Apocalipsis, Victorino escribe:

> "La séptima trompeta es la última, después de la cual no habrá más trompeta... Sonará la trompeta, y los muertos resucitarán incorruptibles, y nosotros seremos transformados. Esta es la última trompeta, de la que habló Pablo. Él no dijo que resucitaremos inmortales, sino que seremos transformados".

Esta declaración es significativa. Victorino enfatiza que los creyentes no son resucitados como inmortales en la primera resurrección, sino que **son transformados más tarde**—después de la trompeta final, la cual él vincula con los eventos posteriores al milenio. Esto confirma una glorificación en **dos etapas**: primero, una **resurrección en cuerpos humanos purificados y naturales**, para reinar en la tierra; y segundo, una transformación en cuerpos angélicos y celestiales, aptos para el reino eterno.

En el mismo comentario, Victorino además señala:

> "Este reino de los santos, del que se habla, son los mil años del reinado terrenal, después de los cuales viene el fin del mundo... y solo entonces los santos serán plenamente glorificados".

Esto refleja el orden presentado en **Apocalipsis 20–21**, donde la **primera resurrección precede al reinado de mil años**, seguido por el **juicio ante el gran trono blanco**, la **segunda resurrección**, y finalmente la **nueva creación: cielos nuevos y tierra nueva**.

En otras palabras, **1 Tesalonicenses 4:17** corresponde a la **primera resurrección y al comienzo del reinado milenial**, mientras que **1 Corintios 15:52** se alinea con la **trompeta final** —que suena después del milenio—, cuando los creyentes son **transformados "en un abrir y cerrar de ojos"** en su forma incorruptible.

Victorino, por tanto, **confirma el mismo marco profético en dos fases** que afirman Justino, Ireneo y Tertuliano. Su interpretación **refuerza la idea de que resurrección y glorificación no son un mismo evento**, sino que están **separados por el reinado milenial de Cristo**.

Su contribución es fundamental, ya que **demuestra la continuidad de esta enseñanza hasta finales del siglo III**—una época en la que los debates teológicos sobre la resurrección, la inmortalidad del alma y la escatología se intensificaban. Victorino **permaneció firme junto a los primeros Padres** en su compromiso con una **línea profética literal y estructurada**, sosteniendo una esperanza que es a la vez terrenal y celestial, humana y divina, gradual y consumada.

METODIO DE OLIMPO

¿Quién fue Metodio?

Metodio de Olimpo († c. 311 d.C.) fue un obispo, teólogo y mártir cristiano que vivió durante la persecución de Diocleciano. Aunque gran parte de su obra se ha perdido, dos de sus escritos más importantes que han llegado hasta nosotros—*El Banquete de las Diez Vírgenes* y *Sobre la Resurrección*—

destacan por su compromiso con el quiliasmo, es decir, la creencia en un reinado literal de mil años de Cristo en la tierra. Es recordado como defensor del **libre albedrío** frente al fatalismo del pensamiento gnóstico, y como crítico de ciertas enseñanzas origenistas, en particular aquellas relacionadas con la naturaleza de la resurrección.

Metodio enseñó explícitamente que **1 Tesalonicenses 4:17** se refiere al **arrebatamiento al comienzo del milenio,** cuando comienza la fiesta de la primera resurrección. En sus propias palabras:

> "Esos son nuestros cuerpos; porque las almas somos nosotros mismos, quienes, al resucitar, retomamos aquello que estaba muerto en la tierra; de modo que, siendo arrebatados junto con ellos para recibir al Señor, podamos celebrar gloriosamente la espléndida fiesta de la resurrección, porque hemos recibido nuestros tabernáculos eternos, que ya no morirán ni se disolverán".

Esto confirma que **los creyentes reciben cuerpos humanos resucitados en el regreso de Cristo**—sin pecado, incorruptibles, pero aún de **naturaleza terrenal**—para que puedan **reinar con Cristo durante el descanso milenial.**

Sin embargo, **Metodio también enseñó que 1 Corintios 15:52** describe **una segunda transformación,** que ocurre después de los mil años, y no al mismo tiempo que la primera resurrección. Él describe este cambio como la **traslación final de los santos a una forma angélica y celestial,** adecuada no solo para el gobierno terrenal, sino para la **herencia eterna.** Escribe:

> "Entonces, otra vez, desde allí yo, seguidor de Jesús, que he entrado en los cielos... después del descanso de la Fiesta de los Tabernáculos, habiendo llegado a la tierra prometida, entro en los cielos, no permaneciendo ya en los tabernáculos—es decir, **mi cuerpo no permaneciendo como era antes, sino que, después del período de mil años, es cambiado de una forma humana y corruptible a una talla y hermosura angélica,** donde finalmente nosotras, las vírgenes, cuando se haya consumado la fiesta de la resurrección, pasaremos del admirable lugar del tabernáculo a cosas mayores y mejores".

En esta visión, Metodio recurre a la tipología de la **Fiesta de los Tabernáculos,** representando el milenio como un período de morada temporal en cuerpos humanos glorificados—sin pecado, pero aún no celestiales. Solo después de este "séptimo día", el verdadero sábado de descanso, los santos son transformados "de una forma humana y corruptible a una talla y hermosura angélica".

Metodio refuerza así la distinción entre los **dos eventos proféticos** que estamos examinando. Él identifica:

- **1 Tesalonicenses 4:17** con la primera resurrección, al inicio del milenio.

- **1 Corintios 15:52** con la transformación final, después de que el milenio haya concluido, cuando tienen lugar la **segunda resurrección y el juicio final**.

Esta enseñanza coincide con las posturas de **Tertuliano e Ireneo**, quienes insisten en que los justos deben recibir su recompensa en la misma creación en la que sufrieron. En otras palabras, **los fieles son resucitados en cuerpos terrenales, pero sin pecado**, a fin de ser recompensados en la tierra por su fidelidad, antes de ser finalmente glorificados con cuerpos celestiales, aptos para la **nueva creación**.

La visión de Metodio presenta la línea escatológica en dos movimientos:

1. **Resurrección inicial** en una forma incorruptible pero humana, adecuada para el reinado de mil años en la tierra.

2. **Glorificación final** en una forma angélica, apropiada para el reino eterno en los cielos, después del milenio.

Esto refuerza la propuesta de una **separación literal de mil años entre la resurrección y la transformación final**, tal como se expresa respectivamente en **1 Tesalonicenses 4:17** y **1 Corintios 15:52**.

Para concluir, Metodio ofrece una profunda visión teológica, coherente con el Chiliasmo cristiano primitivo. Su claridad respecto a **las dos resurrecciones**, el **propósito del reinado milenial** y la **glorificación final** constituye un testimonio vital sobre la estructura profética de la Escritura, una estructura que los lectores modernos harían bien en redescubrir.

EL RECHAZO DEL QUILIASMO POR PARTE DE AGUSTÍN

¿Quién fue Agustín?

San Agustín de Hipona (354–430 d.C.) sigue siendo uno de los teólogos cristianos más influyentes de la historia. Sus escritos dieron forma a las doctrinas tanto del catolicismo occidental como del protestantismo. Conocido por obras teológicas maestras como *La Ciudad de Dios* y *Confesiones*, Agustín eventualmente llegó a rechazar el quiliasmo, es decir, la doctrina de un reinado terrenal literal de mil años de Cristo—una visión que originalmente había sostenido en las primeras etapas de su caminar cristiano.

Sin embargo, lo que no suele reconocerse es la **influencia significativa de su maestro, San Ambrosio de Milán** (c. 340–397 d.C.), quien **bautizó a Agustín** alrededor del año 386 d.C. **Ambrosio sostenía una visión mucho más amplia de la salvación** que la que Agustín adoptaría posteriormente. Una de las declaraciones de Ambrosio lo ilustra:

> "Por ahora, como no todos creen, no todos parecen estar sujetos. Pero cuando todos hayan creído y hecho la voluntad de Dios, entonces Cristo será todo en todos. Y cuando Cristo sea todo en todos, entonces Dios será todo en todos".

Esta esperanza expansiva influyó en el pensamiento católico posterior, especialmente después del Concilio Vaticano II, cuando el Catecismo comenzó a destacar las oraciones por la salvación de "todos los hombres". La apertura de Ambrosio hacia una posible reconciliación universal puede haber influido en el pensamiento temprano de Agustín, antes de que este cambiara de rumbo bajo la influencia de la **alegorización origenista**.

Curiosamente, Agustín no consideraba a los **cristianos universalistas**—aquellos que creían en un infierno temporal y purgatorial, en lugar de uno eterno—como herejes. Esto es notable, dado que los Padres de la Iglesia solían ser rápidos en condenar las desviaciones doctrinales. El propio Agustín especuló sobre la posibilidad de una **salvación fuera del reino de Dios**, lo que hoy podríamos llamar **salvación de los no elegidos** en la era venidera. En una de sus reflexiones, escribió que tal vez algunos podrían experimentar **"alivio o interrupción de su miseria"**, lo que sugiere grados o matices en las condiciones posteriores al juicio, en lugar de una condena uniforme al tormento eterno.

Para los lectores actuales, esto abre la puerta a una investigación teológica cuidadosa. Si alguien tan reverenciado como Agustín pudo explorar tales posibilidades sin incurrir en cargos de herejía, entonces los creyentes modernos también pueden considerar el modelo de salvación de los **no elegidos** como una posibilidad dentro de la ortodoxia—especialmente cuando se fundamenta en los escritos de los primeros Padres de la Iglesia, como los hallados en el **Quiliasmo**.

Aunque Agustín finalmente rechazó el quiliasmo y adoptó el amilenialismo (una visión simbólica de los mil años mencionados en Apocalipsis 20), siguió siendo un pensador matizado. Su alejamiento de la interpretación literal estuvo profundamente influido por **Orígenes de**

Alejandría, quien espiritualizó casi toda la profecía escatológica. No obstante, Agustín conservó un profundo respeto por las voces y tradiciones de la Iglesia primitiva, incluso cuando no compartía sus posturas.

Por lo tanto, al reflexionar sobre el **legado teológico de Agustín**, es justo decir que **no abrazó el Quiliasmo**, pero también es cierto que **dejó espacio para la humildad teológica**. Modeló una actitud de indagación fiel, lo que sugiere que proponer visiones alternativas—como la existencia de **un intervalo literal de mil años entre las dos transformaciones proféticas** (como las descritas en 1 Tesalonicenses 4:17 y 1 Corintios 15:52)—no es irreverente ni peligroso, sino que podría formar parte de una recuperación más amplia de una claridad interpretativa perdida.

¿CÓMO SE COMPARA ESTO CON OTRAS CREENCIAS E INVESTIGACIONES?

En los estudios históricos sobre el quiliasmo, a menudo se afirma que "otros patriarcas excluyeron el quiliasmo". Sin embargo, lo que con frecuencia no se dice es que estos mismos Padres de la Iglesia **tampoco promovieron una interpretación alegórica** del libro de Apocalipsis. Por lo tanto, su postura real respecto a la profecía permanece ambigua.

Esos mismos trabajos académicos suelen reconocer que los testimonios más sólidos a favor del quiliasmo provienen de los primeros Padres de la Iglesia. Algunos críticos afirman que estas posturas eran meras opiniones personales, y no creencias sostenidas a nivel eclesial. Sin embargo, tales afirmaciones se ven cuestionadas por fuentes antiguas como la *Didaché*, ampliamente aceptada como un documento cristiano del siglo I. La *Didaché* concluye con la siguiente declaración:

> "Y entonces aparecerán las señales de la verdad: primero, la señal de una expansión en el cielo; luego, la señal del sonido de la trompeta; y en tercer lugar, la resurrección de los muertos—aunque no de todos, sino como está dicho: 'El Señor vendrá, y todos sus santos con Él'. Entonces el mundo verá al Señor viniendo sobre las nubes del cielo".

Esta postura doctrinal primitiva distingue claramente entre **una resurrección parcial** (la de los justos) y una general. La frase *"aunque no de todos"* respalda con fuerza el concepto de una **primera resurrección**, que constituye una enseñanza central del quiliasmo.

En contraste, la mayoría de las interpretaciones alegóricas enseñan **una sola resurrección**, tanto de justos como de impíos, ocurriendo simultáneamente en la venida de Cristo. Este modelo alegórico ha sido ampliamente adoptado, especialmente por muchos teólogos de la época de la Reforma. La Confesión de Augsburgo, documento fundamental del luteranismo, **enseña esta visión de una sola resurrección** del siguiente modo:

> "Asimismo, enseñan que en la consumación del mundo Cristo aparecerá para el juicio, y resucitará a todos los muertos; dará a los piadosos y elegidos vida eterna y gozo perdurable, pero a los impíos y a los demonios los condenará a ser atormentados sin fin".

Esta afirmación refleja claramente **la visión alegórica**: un **único evento de juicio**, en lugar de la **secuencia en dos etapas** que se observa en los escritos cristianos más antiguos.

Es importante destacar que **ningún Padre de la Iglesia de los períodos apostólico o subapostólico** respalda esta visión alegórica. **Dicha interpretación aparece por primera vez** en las obras de **Orígenes de Alejandría** (c. 185–253) en Oriente, y de **Agustín de Hipona** (c. 354–430) en Occidente. A pesar de esta **aparición relativamente tardía**, muchos teólogos **asumen erróneamente que la interpretación alegórica tiene raíces en el cristianismo apostólico**, cuando en realidad **no es así**.

De esta comparación surge un principio teológico útil: **toda interpretación sin un respaldo claro en los Padres de la Iglesia debe abordarse con cautela.** Por ejemplo, **John Wesley** (1703–1791), fundador del metodismo, sostuvo una posición escatológica altamente inusual. Enseñó que, después del regreso de Cristo, habría dos milenios consecutivos, totalizando **2.000 años antes del juicio final**. Ningún Padre de la Iglesia primitiva enseñó tal visión. Parece ser una especulación personal de Wesley y, como tal, carece de peso histórico.

Del mismo modo, **Juan Calvino** (1509–1564), padre de la teología reformada, **rechazó el quiliasmo de manera rotunda**. Creía que enfatizar un reinado literal de mil años disminuía la gloria del regreso de Cristo. En su obra *Institución de la Religión Cristiana*, Calvino escribe:

> "Pero Satanás no solo ha embotado los sentidos de los hombres para hacerles enterrar, junto con los cadáveres, la memoria de la resurrección; también ha intentado corromper esta parte de la doctrina con diversas falsificaciones, con el fin de

destruirla por completo... Poco después surgieron los quiliastas, quienes limitaron el reino a mil años... Pues si ellos no revisten la inmortalidad, entonces Cristo mismo, a cuya gloria han de ser transformados, no ha sido recibido en una gloria imperecedera".

La preocupación de Calvino era de naturaleza teológica: que **retrasar la inmortalidad hasta después del milenio socavaba la plena glorificación de Cristo**. Sin embargo, esta visión **pasa por alto que muchos Padres de la Iglesia primitiva enseñaron claramente una primera resurrección en forma humana pero sin pecado**, seguida por una glorificación posterior en cuerpos celestiales—**sin negar en absoluto la gloria de Cristo**.

Al comparar el quiliasmo con estos modelos doctrinales posteriores, se vuelve evidente una verdad: **los primeros escritores cristianos describen consistentemente dos etapas escatológicas distintas**. Afirman una **resurrección en el regreso de Cristo para los santos**, seguida de un **reinado terrenal de mil años**, y luego una **resurrección final y transformación en el juicio**. Las visiones alegóricas y simbólicas surgieron mucho más tarde y no parecen estar respaldadas por la tradición patrística anterior al siglo III.

Por lo tanto, el **quiliasmo no es una teoría marginal**, sino una **creencia bien atestiguada** por muchos de los primeros cristianos, arraigada en su interpretación de la profecía bíblica y la tradición apostólica. Cualquier alejamiento de este modelo—ya sea el espiritualismo de Orígenes o la reacción doctrinal de Calvino—**debe evaluarse a la luz de lo que se creyó primero**, no simplemente de lo que se volvió popular más adelante.

Conclusión

Muchos pentecostales hoy creen sinceramente en el testimonio del Dr. D.G.S. Dhinakaran, quien afirmó haber estado en el cielo y haber visto allí a Sadhu Sundar Singh. Si tal visión fuese genuina, respaldaría la creencia de Sundar Singh en la posibilidad de salvación para aquellos fuera de los elegidos. Incluso si sus ideas fueran erróneas, claramente no han impedido que muchos cristianos y no cristianos se vean profundamente conmovidos por ellas. Esto plantea un desafío teológico significativo: o tales afirmaciones son válidas, o su inexactitud no amenaza la salvación.

Por mi parte, he presentado las evidencias que apoyan la posibilidad de una salvación para los no elegidos con convicción. Espero que resulte ser cierta. Sin embargo, debo admitir que no puedo saberlo con certeza hasta que muera y me presente ante el Señor. Mantengo una posición neutral en los asuntos que la Escritura no define con absoluta claridad. No obstante, al presentar el lado que considero más probable con base en las Escrituras y en los escritos de los Padres de la Iglesia primitiva, procuro hablar con honestidad sin inducir a nadie al error. Al exponer estas posibilidades de forma explícita, me aseguro de que nadie sea sorprendido por el carácter especulativo de algunas de estas conclusiones.

San Justino Mártir escribió que ningún cristiano entra al cielo antes de la resurrección, porque debemos ser transformados: cambiados de nuestro estado mortal, de carne y sangre, a un cuerpo espiritual e inmortal. Solo entonces somos aptos para el cielo. Esta interpretación se vuelve clara al considerar la enseñanza colectiva de los Padres de la Iglesia primitiva que afirmaban el quiliasmo. Aunque Justino no expresó todo de forma explícita, el contexto general de sus escritos respalda esta transformación en dos etapas. Él no negaba la realidad de las visiones divinas (como la de Pablo en 2 Corintios 12:2), sino que se oponía a la creencia de que las personas pudieran existir permanentemente en el cielo sin una resurrección corporal.

Esta idea se ve reforzada por el ejemplo del propio Jesús. Después de su muerte, no fue al cielo como espíritu, sino que esperó hasta ser resucitado corporalmente. Su cuerpo resucitado no era simplemente carne y sangre, sino algo glorificado, más allá de la naturaleza humana. De manera similar, los que participan en la primera resurrección aún no comparten la transformación completa. Ese cambio total llega después del reinado milenial, cuando se cumple la "boda del Cordero" y los creyentes son hechos una sola carne con Cristo en gloria.

Los católicos romanos suelen apelar a Padres de la Iglesia como Ireneo y Tertuliano para afirmar que poseen una descendencia espiritual ininterrumpida desde los apóstoles. Sin embargo, estos mismos hombres también creían en el quiliasmo—un reinado literal de mil años de Cristo en la tierra. Si sus palabras han de usarse como respaldo de la continuidad católica, entonces toda su teología, incluidas sus enseñanzas quiliastas, debe ser reconocida. El hecho de que sus escritos contengan elementos que ya no son aceptados por la doctrina católica moderna sugiere que incluso las iglesias más antiguas permitían cierta diversidad teológica. Las tradiciones dominantes no siempre fueron fruto de una revelación divina, sino de decisiones humanas acumuladas con el tiempo.

Esto refleja lo que sucedió en el judaísmo. Los judíos preservaron las Escrituras, mantuvieron un sacerdocio levítico activo y acogieron conversos durante miles de años. Sin embargo, para cuando vino Cristo, muchos errores doctrinales se habían infiltrado—tanto así que, aun teniendo la Escritura en sus manos, no reconocieron al Mesías. Esto demuestra que la continuidad doctrinal no garantiza la exactitud doctrinal. El libre albedrío humano cumple un papel decisivo en la formación de la tradición religiosa.

Por lo tanto, la opinión mayoritaria—incluso entre líderes eclesiásticos o concilios—no debe confundirse con la verdad teológica. En mi opinión, los escritos cristianos más antiguos preservados por los Padres de la Iglesia quiliastas—especialmente Ireneo, Justino Mártir, y en cierta medida Tertuliano—ofrecen el testimonio más fiel de la enseñanza apostólica. Cuando existen diferencias entre ellos, tiendo a favorecer a Ireneo y Justino. Incluso las autoridades católicas romanas reconocen que Tertuliano se equivocó en varios puntos, lo cual es una de las razones por las que nunca fue canonizado.

Consideremos también el testimonio de Clemente de Roma (c. 35–99 d.C.), conocido por los católicos romanos como el Papa Clemente I. Fue un discípulo directo del apóstol Pedro. Su carta, hoy conocida como 1 Clemente, fue considerada Escritura por algunas iglesias primitivas, e incluso está incluida en el Códice Alejandrino del siglo V. Ireneo consideraba esta carta como una auténtica tradición apostólica. En un pasaje, Clemente describe cómo una persona que se separa de la iglesia puede, sin embargo, estar más acertada doctrinalmente que la mayoría. Esto constituye una afirmación temprana del libre albedrío teológico y una advertencia clara de que incluso el consenso de un cuerpo eclesial puede estar equivocado. Dios honra al que permanece en la verdad, incluso si debe permanecer solo.

Por tanto, no debemos desanimarnos si nos encontramos sosteniendo doctrinas impopulares o rechazadas por la mayoría. La declaración de Clemente debería animar a todos los cristianos a buscar la exactitud doctrinal con humildad y convicción. Dios no mide nuestra fidelidad por el tamaño de nuestro seguimiento, sino por nuestra alineación con la verdad. Aun en asuntos de profecía, es mejor buscar con humildad lo que parece verdadero que seguir ciegamente a la multitud.

Este mismo principio se aplica al crecimiento denominacional. Alguien podría preguntar: *"Si Dios es soberano, ¿por qué algunas denominaciones tienen más conversos que otras?"* Mi convicción es que Dios permite que seamos guiados por los maestros que merecemos. Si más cristianos ardieran en celo por la verdad y la precisión doctrinal—como lo hacía Ireneo—, entonces Dios podría levantar líderes que reflejen ese mismo espíritu.

La profecía de Daniel ofrece luz sobre este tema. En Daniel 12:3, leemos que *los que enseñan la justicia a muchos resplandecerán como las estrellas*, pero los entendidos—particularmente en profecía—resplandecerán como el firmamento mismo. Esto refleja diferentes grados de gloria en la resurrección. El mismo Ireneo afirmó que Daniel 12 se refiere a esta glorificación final, basada en la comprensión profética y doctrinal.

Por lo tanto, debemos esforzarnos no solo por guiar a otros a la justicia, sino también por adquirir entendimiento y precisión en la doctrina. Dios juzgará quién resplandece como las estrellas y quién como el firmamento. En Jeremías 23 se nos advierte que, si alguien habla presuntuosamente en el nombre de Dios—diciendo "Dios me dijo" cuando Él no lo ha hecho—, es culpable de usar Su nombre en vano. Pero si alguien comparte una posibilidad o una opinión claramente identificada como propia, aunque termine estando equivocado, no es condenado. La palabra hebrea *olam* (traducida como "eterno" o "perpetuo") se usa dos veces en esta advertencia, subrayando la gravedad de hablar falsamente en nombre de Dios.

Si el concepto de salvación de los no elegidos resulta ser cierto, entonces los "pocos" que se salvan se refiere a los elegidos—la Esposa de Cristo, que hereda el reino celestial. Mientras tanto, los "muchos" que se benefician del rescate de Cristo podrían incluir a los no elegidos, quienes habitarán la nueva tierra. Apocalipsis 22 describe a la Esposa llamando a otros a "tomar del agua de la vida gratuitamente". Esta agua fluye hacia la nueva tierra, y el árbol de la vida provee sanidad a las naciones. Dado que los elegidos ya están glorificados y reinando, parece poco probable que necesiten sanidad. Esto podría sugerir que quienes necesitan sanidad son los no elegidos—aquellos "salvados como por fuego" (cf. 1 Corintios 3:15).

Daniel 12:10 respalda esta idea: "Muchos serán purificados, emblanquecidos y refinados." Este proceso podría describir una salvación mediante purificación por fuego para aquellos fuera de los elegidos. Esto ayudaría a explicar versículos que sugieren la salvación de un grupo amplio, aunque solo unos pocos sean los elegidos. En esta visión, los creyentes serían un subconjunto dentro de una clase más amplia de redimidos.

Incluso Jerónimo, traductor de la *Vulgata Latina*, destacó la importancia de la precisión doctrinal utilizando Daniel 12:3. Concluyamos entonces con la versión de la Septuaginta de este pasaje, a modo de comparación:

> "Y muchos de los que duermen en el polvo de la tierra despertarán: unos para vida eterna, y otros para vergüenza y oprobio eterno. Y los sabios resplandecerán como el resplandor del firmamento, y algunos de los muchos justos, como las estrellas por los siglos de los siglos... Muchos deben ser probados, purificados completamente, y refinados con fuego, y santificados; pero los impíos obrarán impíamente, y ninguno de los impíos

comprenderá; pero los sabios comprenderán" (*Daniel 12:2–3, 10*, Brenton LXX).

Si esta interpretación es correcta—es decir, que Daniel 12 enseña distintos niveles de gloria en la resurrección según el entendimiento y la fidelidad—entonces debemos abordar toda doctrina, especialmente la profética, con seriedad. La recompensa no es simplemente la salvación, sino la medida de gloria que se nos asigna en la resurrección. Mientras que guiar a muchos a la justicia otorga gloria como las estrellas, aquellos que alcanzan entendimiento profético y claridad doctrinal resplandecerán como el resplandor del firmamento. Esta distinción no es metafórica; refleja el marco del quiliasmo, con su enseñanza de una glorificación por niveles, tal como lo enseñaron los primeros Padres post-apostólicos.

La escena del juicio final representada en Apocalipsis también respalda la posibilidad de una salvación para los no elegidos. En Apocalipsis 21, se revela la Nueva Jerusalén, y las naciones son descritas como caminando a su luz (Apocalipsis 21:24). En Apocalipsis 22:2, se dice que las hojas del árbol de la vida son "para la sanidad de las naciones". Estos versículos implican que existen personas fuera de la Esposa—la Iglesia glorificada—que aun así reciben vida y sanidad. Las naciones justas, que no participaron de la primera resurrección, no son condenadas. No son lanzadas al lago de fuego. En cambio, se les concede una forma de vida post-juicio en la nueva tierra.

Esto encaja con la distinción presentada entre los elegidos y los no elegidos. Los elegidos son glorificados, reinan con Cristo y habitan en la Nueva Jerusalén. Los no elegidos, en cambio, podrían ser salvos "como por fuego", purificados y recibir vida, pero sin entrar en la ciudad glorificada. Podrían habitar en la tierra renovada, introducidos en paz y sanidad por el agua y las hojas que fluyen del árbol de la vida desde dentro de la ciudad. Estos individuos podrían corresponder a los "muchos" que serán purificados, como profetizó Daniel, y a aquellos que Jesús describió en Mateo 25 como las "ovejas" que cuidaron de sus hermanos.

Este modelo se mantiene fiel a las Escrituras, afirma la realidad del juicio eterno, sostiene la necesidad de la expiación de Cristo y preserva la distinción entre la Esposa y las naciones. Evita los errores del universalismo, al mismo tiempo que permite una posibilidad esperanzadora: que Dios, en Su misericordia, pueda salvar a algunos que no forman parte de los elegidos.

Toda esta visión no se basa en una innovación moderna, sino en el testimonio de los primeros escritores cristianos, especialmente aquellos de la tradición quiliasta. Sus enseñanzas han sido pasadas por alto o descartadas por alegoristas y espiritualizadores, pero su claridad merece ser escuchada nuevamente. Si su interpretación es correcta, entonces la "última trompeta" de 1 Corintios 15:52 se refiere a un evento distinto de la trompeta en 1 Tesalonicenses 4:17. La primera sería para los elegidos—la Esposa de Cristo—al comienzo del milenio. La segunda, para la transformación final después del reinado milenial, cuando los muertos son resucitados y los justos de entre las naciones reciben vida en la nueva tierra.

Si esto es así, entonces la resurrección no es un solo evento, sino una secuencia: primero los elegidos, luego los no elegidos. Primero la Esposa glorificada, luego las naciones sanadas por el árbol de la vida. Primero los que reinan con Cristo, luego los que reciben misericordia a Sus pies. Esta lectura preserva toda la amplitud de la profecía bíblica, manteniendo al mismo tiempo la exclusividad del Evangelio y la supremacía del reinado de Cristo.

Seamos humildes en la doctrina, cuidadosos en la profecía y valientes en la esperanza. Porque, si incluso una parte de lo que aquí se ha explorado resulta ser verdad, entonces el amor y la justicia de Dios son mayores de lo que jamás nos atrevimos a imaginar, y Su plan redentor, más intrincado y misericordioso de lo que la mayoría ha enseñado.

Aviso legal

Este artículo, titulado *La posibilidad de salvación para los no elegidos* (NESP, por sus siglas en inglés), fue publicado recientemente en *The American Journal of Biblical Theology*, Volumen 26, Número 6 (9 de febrero de 2025). Es la primera y única publicación en una revista académica del autor hasta la fecha, y abarca un total de cincuenta y dos páginas. Las políticas editoriales de la revista permiten a los autores volver a publicar su trabajo en otros espacios, razón por la cual este ensayo aparece aquí en su forma revisada. El derecho de autor de todos los artículos publicados pertenece al autor, conforme al Título 17 del Código de los Estados Unidos § 506. La revista mantiene un acuerdo de uso legítimo (*fair use*) para editar, formatear y reproducir el trabajo del autor en cualquier medio que pueda publicar en el futuro. Sin embargo, el autor conserva plena libertad para volver a enviar el manuscrito original a otras revistas académicas.

CAPÍTULO 3 Las Dos Aguas de la Vida: ¿Una Brecha Profética Milenial?

Introducción

Las Escrituras parecen presentar dos menciones distintas del "agua de la vida", separadas por un lapso de 1.000 años, en consonancia con la cronología del Quiliasmo. Según este modelo, los cristianos—resucitados en cuerpos humanos sin pecado—reciben el agua de la vida al inicio del reinado milenial de Cristo, el cual comienza con Su Segunda Venida durante la Primera Resurrección. Este cumplimiento inicial ocurre en la tierra antigua—aunque renovada—y en los cielos actuales. Apocalipsis 7:9–17 es ampliamente entendido como una descripción de la multitud de cristianos que son salvos en el regreso de Cristo.

Durante el reinado milenial, los mortales, es decir, los pecadores, viven junto a estos cristianos resucitados e inmortales. Esta convivencia indica que el escenario aún corresponde a la vieja tierra, pues sigue siendo susceptible al pecado. En contraste, la nueva tierra final descrita en Apocalipsis no puede ser mancillada por el pecado de ninguna manera. Pero, ¿no habla Isaías 65:17 de "nuevos cielos y nueva tierra"? Esto plantea una pregunta sobre el momento preciso de estos acontecimientos.

La respuesta se encuentra en el contexto. La profecía de Isaías no se refiere a los cielos nuevos y la tierra nueva finales, sino más bien a una versión renovada de la tierra antigua. Apocalipsis 21:1–3 deja clara esta distinción. Justino Mártir (también llamado Justino de Roma) respalda esta interpretación cuando cita Isaías 65:17 y declara:

"Pero yo, y otros que somos cristianos rectamente orientados en todos los puntos, estamos convencidos de que habrá una resurrección de los muertos, y mil años en Jerusalén, la cual será entonces edificada, adornada y engrandecida, como lo declaran los profetas Ezequiel e Isaías, y otros. Porque Isaías habló así acerca de este período de mil años: 'Porque habrá cielos nuevos y tierra nueva, y lo primero no será recordado, ni vendrá a la memoria; más se hallará en ella gozo y alegría, estas cosas que Yo creo'".

Esta tierra renovada durante el Reinado Milenial se describe como un lugar que aún contiene un "mar" literal (Ezequiel 47:7–12), mientras que la tierra nueva final no tiene mar en absoluto (Apocalipsis 21:1). De igual manera, el "árbol de la vida" parece existir en dos fases: primero como una figura o tipo durante el milenio, y más tarde en su forma literal en la tierra nueva final. Las variaciones en las descripciones de estos eventos apuntan a dos etapas distintas—una alegórica y otra literal—separadas por el período de 1.000 años, tal como lo afirma el Quiliasmo.

Al final de esos 1.000 años, tras el juicio final, algunos no cristianos podrían ser invitados a participar del agua de la vida. Apocalipsis 22:17 describe esta escena en la que la "Esposa"—es decir, los elegidos glorificados—es mostrada llamando a otros a venir. Estos otros serían, por tanto, distintos de los elegidos, posiblemente refiriéndose a los no elegidos que ahora reciben la salvación. Esto ocurre después del Día del Juicio, en la tierra nueva final y bajo los nuevos cielos, una vez que ya se han revelado los resultados del Libro de la Vida.

Las Escrituras hacen una distinción entre estos grupos:

i) **Salvación de los elegidos** — aquellos referidos como la "Esposa", que han participado en la Primera Resurrección y en las Bodas del Cordero (ver también Mateo 25:1–13).

"Y el Espíritu y la Esposa dicen: '¡Ven!'" (Apocalipsis 22:17)

ii) **Salvación de los no elegidos de Israel** — identificados como "siervos", no como la esposa, incluso en la escena final (comparar con Mateo 25:14–30).

"Y no habrá más maldición; y el trono de Dios y del Cordero estará en ella, y sus siervos le servirán, y verán su rostro, y su nombre estará en sus frentes" (Apocalipsis 22:3–4).

iii) **Salvación de los no elegidos gentiles** — identificados como los "sedientos" que son invitados a beber gratuitamente (comparar con Mateo 25:31–46).

"Y el Espíritu y la Esposa dicen: Ven. Y el que oye, diga: Ven. Y el que tiene sed, venga; y el que quiera, tome del agua de la vida gratuitamente" (Apocalipsis 22:17).

Esta interpretación mantiene la integridad del modelo quiliasta literal, al mismo tiempo que abre la posibilidad de que personas no elegidas—tanto israelitas como gentiles—puedan recibir la salvación al final del Reinado Milenial. La línea de tiempo y el marco profético del libro de Apocalipsis, respaldados por las enseñanzas de los Padres de la Iglesia primitiva, parecen afirmar esta estructura.

AGUA DE VIDA

El término "agua de vida" aparece en varios pasajes del libro de Apocalipsis, cada uno ubicado dentro de un marco profético específico. La primera referencia se encuentra en Apocalipsis 7:9–17, la cual ocurre inmediatamente después de la Primera Resurrección. Esta escena retrata a la multitud salvada—los cristianos—recibiendo el agua de vida durante el Reinado Milenial de Cristo sobre la tierra antigua restaurada.

"...porque el Cordero que está en medio del trono los pastoreará, y los guiará a fuentes de aguas de vida; y Dios enjugará toda lágrima de los ojos de ellos" (Apocalipsis 7:17).

Esto es coherente con la imagen de los elegidos siendo resucitados en cuerpos humanos sin pecado y teniendo acceso a la "fuente de la vida", administrada directamente bajo el reinado de Cristo. La ubicación sigue siendo la tierra y los cielos actuales, aunque renovados y gobernados con justicia.

La mención final del "agua de la vida" se encuentra en Apocalipsis 22:1–2 y 22:17, la cual tiene lugar después del Juicio ante el Gran Trono Blanco y la creación de los nuevos cielos y la nueva tierra. La secuencia de los eventos es fundamental aquí, ya que para cuando se llega a Apocalipsis 22, los resultados del Libro de la Vida ya han sido revelados (Apocalipsis 20:11–15), y los estados eternos finales han comenzado. En este contexto, el agua de la vida fluye desde el trono de Dios hacia la Nueva Jerusalén:

> "Después me mostró un río limpio de agua de vida, resplandeciente como cristal, que salía del trono de Dios y del Cordero. En medio de la calle de la ciudad, y a uno y otro lado del río, estaba el árbol de la vida…" (Apocalipsis 22:1–2).

Luego, en Apocalipsis 22:17, el Espíritu y la Esposa extienden una invitación abierta:

> "Y el Espíritu y la Esposa dicen: Ven. Y el que oye, diga: Ven. Y el que tiene sed, venga; y el que quiera, tome del agua de la vida gratuitamente".

Este último llamado no parece estar dirigido a la misma Esposa, quien ya ha participado del agua. Más bien, parece ser emitido **desde la Esposa glorificada hacia otros**—aquellos que no formaban parte del grupo de los elegidos. Esto podría representar a las naciones que son salvas pero que no pertenecen a la Iglesia, y que ahora reciben la oferta del agua de la vida gratuitamente. Este llamado ocurre **después del juicio y después de la consumación final**, lo que sugiere que se dirige a un grupo distinto, que no corresponde a los santos glorificados de la Primera Resurrección.

Algunos podrían argumentar que el "agua de la vida" en ambos pasajes se refiere a la misma salvación, pero la evidencia textual y el contexto profético indican lo contrario. En Apocalipsis 7, es **Cristo mismo quien provee el agua a Su Iglesia** durante la era milenial. En Apocalipsis 22, es la **Esposa glorificada quien se une al Espíritu para extender la invitación a otros**. Esto implica una progresión en la historia redentora: desde la redención de los elegidos durante la Primera Resurrección hasta la **posibilidad de redención para los no elegidos** en la etapa final.

En la línea de tiempo del Quiliasmo, estos no son eventos simultáneos, sino **dos momentos distintos de gracia divina**, separados por 1.000 años. Los cristianos reciben el agua de la vida primero, al comienzo del reinado de Cristo. Luego, después del juicio, **el agua de la vida fluye hacia la tierra renovada**, y aquellos que forman parte de las naciones salvas también son invitados a participar de ella.

Esta distinción es coherente con la naturaleza del orden final. Apocalipsis 21:24 habla de "las naciones que hubieren sido salvas", que caminarán a la luz de la Nueva Jerusalén, mientras que Apocalipsis 21:27 enfatiza que "solamente los que están inscritos en el Libro de la Vida del Cordero" pueden entrar en la ciudad misma. En este sentido, **el agua de la vida se ofrece también fuera de la ciudad**—fluye desde el trono, pero alcanza incluso a aquellos que no forman parte de los elegidos glorificados.

Así, las dos referencias al agua de la vida deben entenderse mejor como **dos etapas separadas de acceso redentivo**. Una está reservada para los elegidos durante el Reinado Milenial, y la otra es otorgada a las naciones salvas después del Día del Juicio.

COMPARACIÓN DE VERSÍCULOS BÍBLICOS SOBRE EL AGUA DE LA VIDA

Una comparación cuidadosa de los versículos clave relacionados con el "agua de la vida" demuestra una **separación tanto en el contexto como en los destinatarios**. Aunque cada referencia se refiere a la misma fuente vivificadora—**Cristo**—el contexto muestra aplicaciones distintas a lo largo de diferentes etapas escatológicas dentro del marco quiliasta.

ESPERANZA MÁS ALLÁ DE LOS ELEGIDOS

Apocalipsis 7:17 habla del Cordero pastoreando a los elegidos y guiándolos a fuentes de aguas vivas:

> "...porque el Cordero que está en medio del trono los pastoreará, y los guiará a fuentes de aguas de vida; y Dios enjugará toda lágrima de los ojos de ellos".

Esto describe la **Primera Resurrección**—la Iglesia triunfante. Estos santos ya han alcanzado la inmortalidad en un cuerpo humano sin pecado y reinan con Cristo durante el reino milenial de 1.000 años. El escenario aquí sigue siendo **la tierra y los cielos antiguos, aunque restaurados**, ya que Apocalipsis 20 aún no ha tenido lugar.

En contraste, Apocalipsis 22:1–2 presenta una etapa diferente:

> "Después me mostró un río limpio de agua de vida, resplandeciente como cristal, que salía del trono de Dios y del Cordero. En medio de la calle de la ciudad, y a uno y otro lado del río, estaba el árbol de la vida..."

Esta es la **escena final**—tras la creación de los nuevos cielos y la nueva tierra, y después del Juicio ante el Gran Trono Blanco. El agua de la vida ahora fluye **dentro de la Nueva Jerusalén**, y el árbol de la vida aparece produciendo fruto para la **sanidad de las naciones**. Los elegidos ya han sido transformados de seres humanos a **"ya no carne ni sangre"**, es decir, a **cuerpos celestiales**. Ellos ya no requieren esta administración externa de vida, pues ahora son **"una sola carne"** con Cristo.

Luego, Apocalipsis 22:17 presenta una invitación abierta:

> "Y el Espíritu y la Esposa dicen: Ven. Y el que oye, diga: Ven. Y el que tiene sed, venga; y el que quiera, tome del agua de la vida gratuitamente".

Esto no puede referirse a la misma Esposa, ya que ella ya ha sido glorificada y está plenamente unida a Cristo. Más bien, este llamado parece estar dirigido a las **"naciones que hubieren sido salvas"** (Apocalipsis 21:24), quienes **viven fuera de la Nueva Jerusalén** en la tierra renovada. Estos individuos podrían haber sido salvos después del juicio final y haber recibido una **salvación no electiva**. Conservan **cuerpos de resurrección terrenales** y requieren acceso al agua de la vida que fluye desde el trono, para sostener su existencia.

En resumen: Al comienzo de los 1.000 años, la Iglesia—resucitada en cuerpos humanos sin pecado—recibe el agua de la vida **directamente de**

Cristo, en una creación restaurada pero aún corruptible. La Esposa es **alimentada, consolada y preservada**.

Al final de los 1.000 años, tras el juicio final, **el agua de la vida sigue fluyendo**—esta vez para las naciones que han sido salvas y que no formaron parte de la Primera Resurrección. Estos son invitados a beber libremente, no como miembros de la Esposa, sino como huéspedes del reino renovado, habitando en la nueva tierra y beneficiándose de la presencia de Dios en la ciudad a la que pueden acercarse, aunque no necesariamente entrar.

Esta progresión refuerza la doctrina de que el agua de la vida se ofrece en dos etapas: primero a los elegidos, al inicio del Reino Milenial, y luego a los no elegidos que han sido salvos después del Juicio Final.

LOS MIL AÑOS

La frase "mil años" no es simbólica dentro del marco del quilianismo, sino que se refiere a un reinado literal de 1.000 años de Cristo en la tierra actual después de Su Segunda Venida. Este período, también llamado el Reinado Milenial, se menciona seis veces en Apocalipsis 20:1–7. No existe base bíblica para alegorizar este período de tiempo, especialmente considerando que el resto del pasaje está lleno de secuencias literales: Satanás es atado, los santos reinan, y el resto de los muertos no vuelve a vivir **hasta que se cumplan los mil años**. Durante este período, los cristianos son resucitados en cuerpos humanos **sin pecado** e **inmortales** (aunque aún no celestiales) para reinar con Cristo. Apocalipsis 20:4–6 describe esta resurrección y este reinado:

> "Y vivieron y reinaron con Cristo mil años. Pero los otros muertos no volvieron a vivir hasta que se cumplieron mil años. Esta es la primera resurrección. Bienaventurado y santo el que tiene parte en la primera resurrección; la segunda muerte no tiene potestad sobre estos, sino que serán sacerdotes de Dios y de Cristo, y reinarán con Él mil años".

Este reinado ocurre en los cielos y la tierra actuales, que aún no han huido (Apocalipsis 20:11). No se trata del estado final, ya que al final de este período aún subsisten la muerte, la rebelión y el juicio (Apocalipsis 20:7–15). La Iglesia—resucitada para gobernar—experimenta la plenitud de la recompensa en esta creación presente, cumpliéndose así las palabras de Cristo de que **los mansos heredarán la tierra** (Mateo 5:5).

Satanás es liberado al final de los mil años para poner a prueba a las naciones. Esto conduce a la rebelión final, la cual es rápidamente aplastada. Luego viene el **Juicio ante el Gran Trono Blanco**, momento en el que los muertos son juzgados y los cielos y la tierra actuales son eliminados. Solo entonces se introducen los **nuevos cielos y la nueva tierra**, junto con la **Nueva Jerusalén que desciende del cielo** (Apocalipsis 21:1–2). Es **solo después de todo este proceso** que ocurre la transformación completa: la Iglesia es glorificada en **cuerpos celestiales**, los impíos son juzgados, y aparecen las **"naciones que son salvas"**—aquellos que podrían representar a los no elegidos a quienes se les concede vida en la nueva tierra final. Estos eventos marcan el límite entre las dos referencias al **agua de la vida** que examinamos anteriormente.

Así, los "**mil años**" no son una metáfora vaga de una era indefinida de la Iglesia, como algunos afirman. Más bien, se trata de un período de tiempo **divinamente establecido** entre la **Primera Resurrección** y la **Resurrección General**, en el cual la distinción entre los elegidos y los no elegidos se vuelve más evidente.

Los que participan de la **Primera Resurrección** reinan como reyes y sacerdotes y beben del agua de la vida durante el Reinado Milenial. Los que participan de la **Resurrección General**, resucitados al final de los mil años, pueden ser juzgados ya sea para condenación o para una forma de salvación que, aunque menor en gloria, sigue siendo genuina. Esta división preserva la justicia de Dios, el libre albedrío del hombre, y la naturaleza gradual de la gloria de la resurrección, tal como se describe en 1 Corintios 15:38–42.

CITAS SOBRE LA POSIBILIDAD DE SALVACIÓN PARA LOS NO ELEGIDO

Esta no es una lista completa, sino una compilación con fines instructivos, que presenta citas de cristianos primitivos que afirmaban el quilianismo y que también podrían implicar dos tipos de salvación: una para los elegidos y otra, posiblemente, para los no elegidos. Cuando estas citas se alinean con el intervalo de mil años previamente discutido, proveen un marco para ubicar la segunda resurrección para vida al final de dicho período, distinta de la primera resurrección. Esta separación es fundamental. Las referencias posteriores al agua de la vida podrían entonces entenderse como invitaciones ofrecidas a los no elegidos, extendiendo así la salvación a ellos después del milenio. Estas ideas, junto con las enseñanzas de los padres de la Iglesia citadas aquí, sugieren un patrón consistente en el pensamiento cristiano primitivo que respalda esta perspectiva.

Justino Mártir

i. **Posible salvación para los no elegidos: Los malvados volviéndose sumisos como un solo niño (no elegidos)**

En su *Diálogo con Trifón*, Justino Mártir cita Isaías 53 e interpreta el lenguaje profético de manera que sugiere la eventual obediencia de los impíos:

> "Hemos predicado delante de Él como si fuera un niño, como raíz en tierra seca." (Y lo que sigue según el orden de la profecía ya citada.) Pero cuando el pasaje habla como desde los labios de muchos: "Hemos predicado delante de Él", y añade: "como si fuera un niño", significa que los impíos se someterán a Él y obedecerán Su mandato, y que todos llegarán a ser como un solo niño… y de aquellas cosas que también serían hechas por el mismo Cristo.

Esta interpretación presenta a los impíos no simplemente como condenados, sino como aquellos que podrían llegar a estar bajo la autoridad de Cristo y **obedecerle**. La expresión "**como un solo niño**" sugiere una imagen de **sumisión** y **posible restauración**, aunque distinta de la **unión íntima** que caracteriza a los elegidos.

ii. Salvación de los elegidos: La Iglesia como Analogía

Justino luego establece un contraste al describir a los elegidos como el cuerpo de Cristo—unificados y predestinados en la fe:

> "Tal analogía como la que puedes observar en el cuerpo [los cristianos]: aunque los miembros se enumeran como muchos, todos son llamados uno, y son un solo cuerpo. Pues, en verdad, una comunidad y una iglesia, aunque muchos individuos en número, son en realidad uno solo, llamados y dirigidos por un mismo nombre… de aquellos que fueron previamente conocidos como creyentes en Él".

Este grupo de elegidos está unido en la fe y conocido de antemano por su creencia. La diferencia clave es que no se los describe como siendo sometidos, sino como ya pertenecientes a Cristo, con su unión comparada a un cuerpo viviente. Así, mientras que los impíos son descritos como siendo sometidos (salvación para los no elegidos), la Iglesia ya es una con Cristo (salvación para los elegidos).

Ireneo de Lyon

Ireneo hace una distinción entre aquellos que reciben la herencia ahora y otros que son liberados o salvados **solo en el momento del juicio final**—presumiblemente **después del Milenio**. Esta secuencia es importante. Aquellos que **no participan en las "bodas" del Cordero**—descritas en otros pasajes como la **primera resurrección**—no están necesariamente condenados. En cambio, **aún podrían ser salvos** en el juicio general, lo que posiblemente corresponda a los **no elegidos**.

Él escribe:

"Cuando Dios hace justicia, en un caso lo hace de forma típica, temporal y más moderada... Pues aquellos puntos que ellos señalan con respecto al Dios que entonces otorgó castigos temporales a los incrédulos... estos mismos [hechos, digo yo,] sin embargo, se repetirán en el Señor, quien juzga para la eternidad a aquellos a quienes ha de juzgar, y deja en libertad para la eternidad a aquellos a quienes ha de dejar en libertad".

Aquí, los dos grupos—los juzgados eternamente y los liberados eternamente—son mencionados en el contexto del juicio final, no durante el reinado milenial. Esto implica fuertemente que el grupo liberado para siempre es distinto de los elegidos que reinan con Cristo durante el milenio.

Él continúa:

"¿Y quiénes son los que han sido salvos y han recibido la herencia? Sin duda, aquellos que creen en Dios y que han permanecido en Su amor; como Caleb, hijo de Jefone, y Josué, hijo de Nun (Números 14:30), y los niños inocentes, que no han tenido conciencia del mal. Pero ¿quiénes son los que son salvos ahora..."

Este pasaje deja en claro que los elegidos—aquellos salvos ahora y que heredan el Reino—son los creyentes que viven en rectitud en esta vida. Los que son juzgados después—en la segunda resurrección—constituyen, por tanto, un grupo distinto. Su posible salvación no los convierte en elegidos, pero sí los hace receptores de la misericordia divina.

Papías de Hierápolis

Aunque los escritos de Papías solo se conservan en citas de autores posteriores, su posición quiliasta es indiscutida. Él creía claramente en un reinado literal de mil años de Cristo en la tierra, posterior a la resurrección de los justos.

Se registra que dijo:

"Habrá un período de mil años después de la resurrección de los muertos, cuando el Reino de Cristo será establecido en esta tierra en una forma material".

Esto implica que la resurrección a la que él se refiere es la primera resurrección—la resurrección de los justos. Por necesidad, el resto de los muertos son levantados solo después de que este período finaliza, tal como enseña Apocalipsis 20:5: "Pero los otros muertos no volvieron a vivir hasta que se cumplieron mil años." Papías, entonces, deja espacio para dos resurrecciones distintas. Aquellos que resucitan después podrían incluir almas no elegidas que reciben vida al final del milenio.

Tertuliano

En *Contra Marción*, Tertuliano afirma un **reino literal de mil años** y lo asocia con la **recompensa de los fieles**. Pero de forma significativa, también alude a un **juicio posterior** y a una posible **restauración** después del reinado milenial. Él escribe:

> "Confesamos que se nos ha prometido un reino sobre la tierra, aunque antes del cielo, solo en otro estado de existencia; ya que será después de la resurrección, por mil años, en la ciudad de Jerusalén edificada por Dios".

Esta declaración refleja la misma estructura quiliasta: los elegidos son resucitados para heredar el Reino durante el reinado de mil años, mientras que otros eventos—incluyendo el juicio final y posiblemente la restauración de otros—ocurren después. Aunque Tertuliano no profundiza en la salvación de los no elegidos, la posibilidad permanece dentro de la estructura que él afirma.

Estos primeros quiliastas—Justino, Ireneo, Papías y Tertuliano—reconocieron dos realidades cruciales: un reinado milenial que sigue a la resurrección de los elegidos, y un juicio final o una liberación que tiene lugar posteriormente. Sus escritos sugieren que aquellos que no participan en la primera resurrección no están necesariamente condenados. Por el contrario, podría aún haber esperanza de redención en la segunda resurrección. Esta posibilidad se alinea con la oferta del Apocalipsis: "Y el que quiera, tome del agua de la vida gratuitamente" (Apocalipsis 22:17). Tal invitación, ubicada en la narrativa bíblica después del Milenio, sugiere una verdadera oportunidad de salvación extendida incluso a aquellos fuera del grupo de los elegidos. Así, el cristianismo primitivo podría haber sostenido una teología lo suficientemente amplia como para incluir la salvación de los no elegidos, sin comprometer la herencia distintiva de los elegidos.

SALVACIÓN POST MORTEM

Tertuliano creía en una forma de **experiencia purgatorial en el Hades**, especialmente en relación con las palabras de Cristo sobre el juicio **"hasta que pagues el último cuadrante"** (Mateo 5:26). Él interpretaba estos versículos como una descripción de un **juicio post mortem** que implica castigo, el cual solo concluye cuando se ha pagado **la pena completa**. Esta interpretación se presta naturalmente a una visión que incluye la **posibilidad de salvación después de la muerte**.

Ireneo también hace referencia a esos mismos versículos, aunque no declara explícitamente si la salvación es posible tras ese juicio en el mundo espiritual. Su silencio al respecto **no afirma ni niega** tal posibilidad, pero **deja espacio para la interpretación**.

Justino Mártir presenta una posibilidad notable respecto a la salvación de los no elegidos. Describe a ciertos individuos como tan malvados que no pudieron ascender desde las regiones punitivas del mundo espiritual. Sin embargo, al mismo tiempo, da a entender que algunos sí habrían logrado ascender desde esas regiones después de haber soportado su castigo. Él escribe: "a menos que hayan pagado la pena completa", lo cual sugiere que, para algunos, el castigo no es eterno, sino terminable. Esta elección de palabras implica la existencia de una clase de condenados que posteriormente son liberados, lo que podría apuntar a una forma de salvación después del juicio en la otra vida.

El mismo Cristo describe este "juicio hasta el último cuadrante" en un contexto que involucra a "verdugos" (Mateo 18:34), lo cual refuerza aún más la interpretación de que se trata de un juicio post mortem. También es significativo que este castigo no se dirija exclusivamente a los justos, sino que esté destinado a los malvados. Si Tertuliano tiene razón al creer que aquellos que soportan este juicio son eventualmente salvados, entonces las implicancias son profundas: incluso el "siervo malvado" podría ser salvado tras pasar por el juicio divino.

Considera las palabras de Cristo en Mateo 18:32–35:

> "Entonces, llamándole su señor, le dijo: Siervo malvado, toda aquella deuda te perdoné, porque me rogaste. ¿No debías tú también tener misericordia de tu consiervo, como yo tuve misericordia de ti?
>
> Entonces su señor, enojado, le entregó a los verdugos, hasta que pagase todo lo que le debía.

Así también mi Padre celestial hará con vosotros si no perdonáis de todo corazón cada uno a su hermano sus ofensas".

Este pasaje distingue claramente entre la misericordia concedida inicialmente y el castigo posterior impuesto. Si, como lo entendía Tertuliano, el "siervo malvado" finalmente paga su deuda mediante tormento y luego es liberado, tal restauración podría calificarse como una forma de salvación para los no elegidos.

Es importante destacar que resulta difícil imaginar que Cristo incluya a tal persona en Su esposa, la cual es presentada de forma consistente como compuesta solo por aquellos con un arrepentimiento sincero y buenas obras realizadas durante su vida terrenal. Los que son salvados solo después del juicio, en este contexto, no formarían parte de los elegidos. No son los vencedores que heredan el Reino, sino más bien receptores de misericordia tras los hechos. Esta distinción crucial sostiene el concepto de una salvación para los no elegidos sin comprometer la integridad de la herencia especial de los elegidos.

Además, Mateo 18 describe a este hombre como un "siervo malvado", una designación que parece incompatible con la visión católica romana de que este pasaje se refiere a "católicos fieles con pecados leves". El uso que hace Cristo del término "malvado" es fuerte. Esto alinea a este individuo más con el incrédulo que con el penitente fiel. Lucas 12:46 corrobora esta idea cuando Cristo declara que el señor "le castigará duramente, y le pondrá con los infieles". Esta comparación refuerza el argumento de que Cristo ve a tal siervo en la misma categoría que los incrédulos. Por consiguiente, si se sostiene la interpretación de Tertuliano—de que tal persona aún podría ser salvada después del juicio—entonces se abre la posibilidad de que algunos incrédulos puedan ser salvados tras su castigo en el mundo espiritual, si así lo quiere Dios.

Ireneo también ofrece apoyo a esta visión en un pasaje donde utiliza el lenguaje de Cristo descendiendo "a las cosas de la tierra inferior" para buscar a la oveja que se había perdido. Esta imagen, tomada de la parábola de la oveja perdida, se aplica aquí al contexto de la vida después de la muerte. Ireneo conecta el descenso de Cristo al mundo de los espíritus con el acto de buscar y salvar lo que se había perdido, incluso a aquellos que no forman parte actualmente de los elegidos.

Él escribe que Cristo:

> "descendió a aquellas cosas que son de la tierra inferior, buscando a la oveja que se había perdido".

Él además vincula esta salvación con el cumplimiento de una condena temporal, sugiriendo que estos individuos son salvados solo después de que se ha satisfecho cierto castigo. Escribe sobre:

> "La parte restante del cuerpo—[es decir, el cuerpo] de todo hombre que se halle en la vida—cuando se cumpla el tiempo de aquella condena que existía por causa de la desobediencia, [ellos] podrán resucitar".

Esto implica que algunos podrían unirse a la **resurrección de vida** solo después de haber completado su período asignado de juicio. No están entre los **elegidos** que resucitan en la primera resurrección, sino que son resucitados en la segunda, habiendo sido purificados en el mundo espiritual. Tales personas, aunque no hereden el reino como **reyes y sacerdotes**, aún podrían recibir vida—**vida eterna**—aunque en una capacidad diferente y subordinada.

Por tanto, tanto Ireneo como Tertuliano permiten la posibilidad de que ciertas personas impías puedan ser salvadas después del juicio en la otra vida, no por obras realizadas en esta vida, sino por una **misericordia divina** que se les extiende después de haber soportado la debida pena por su desobediencia. Justino Mártir, aunque más implícito en sus comentarios, parece permitir una idea similar al reconocer que algunos no pueden ascender a menos que hayan **"pagado la pena completa"**.

Esta visión de la **salvación post mortem** no elimina la doctrina de la **condenación eterna**. Más bien, limita la **destrucción eterna** a aquellos que permanecen impenitentes. Distingue entre los **elegidos**—los que resucitan en la primera resurrección para heredar el reino—y aquellos que no son elegidos pero que, sin embargo, son receptores de la **misericordia divina** después de una corrección post mortem.

La diferencia no está en si ambos son salvos, sino en cuándo y cómo son salvos, y qué recompensa heredan. Así, una lectura coherente de estos padres de la Iglesia primitiva—combinada con las propias enseñanzas de Cristo—sugiere que la **salvación después de la muerte** puede ser posible para algunos. Sin embargo, tales individuos no serían contados entre los **elegidos**. No son la esposa. No reinan con Cristo. Su salvación es real, pero su lugar es diferente, y su restauración ocurre solo después de que el juicio haya seguido su curso.

CONCLUSIÓN

¿Qué pasa si la salvación de los no elegidos resulta ser falsa?

A través del profeta Jeremías, Dios advirtió que si un hombre entrega una profecía u oráculo como un intento personal —aunque resulte ser incorrecto— no carga con culpa eterna, porque no invocó falsamente el nombre de Jehová. Sin embargo, si alguien afirma "Dios me dijo", cuando en realidad Él no lo hizo, o si la profecía no se cumple, esa persona incurre en vergüenza o juicio eternos. La gravedad de este error queda subrayada por la palabra hebrea *olam*, que aparece dos veces en ese contexto y se traduce como "eterno" y "perpetuo" (Jeremías 23:36–40). Esta distinción lo deja claro: declarar interpretaciones especulativas como razonamiento personal —aunque estén equivocadas— no conlleva la misma consecuencia que hablar falsamente en nombre de Dios.

¿Y si la salvación de los no elegidos resulta ser verdadera?

Si la posibilidad de salvación para los no elegidos se valida finalmente, entonces los "pocos" que son salvos (como lo describió Cristo) se referirían específicamente a los **elegidos**: aquellos que se convierten en Su Esposa y heredan la Jerusalén celestial. Estos santos elegidos son resucitados en la primera resurrección y habitan en el cielo para siempre (Apocalipsis 20:4–6; Apocalipsis 21:2–3).

En cambio, el rescate de Cristo "por muchos" (Marcos 10:45; Mateo 20:28) podría incluir no solo a los elegidos, sino también a una categoría más amplia: aquellos salvos como no elegidos. Estos no heredarían los cielos, sino la **nueva tierra final**. Apocalipsis 22:17 muestra a la Esposa, ya glorificada, llamando a otros a venir y "tomar del agua de la vida gratuitamente". Este lenguaje implica que otros —fuera de la Esposa— aún están siendo invitados a la salvación en ese momento. La fuente de esa agua es Cristo, y fluye hacia la nueva tierra final (Apocalipsis 22:1–2). Los que habitan allí también reciben sanidad por medio de las hojas del árbol de la vida.

Esta sanidad es significativa. Probablemente se refiere a aquellos que no forman parte de la **Esposa** glorificada, sino a las naciones salvas: personas que pudieron haber sido "salvas como por fuego", como se describe en 1 Corintios 3:15. Dado que los cristianos, bajo el modelo del *quiliastismo*, ya habrían sido resucitados y perfeccionados mil años antes, no tendría sentido teológico que necesitaran tal sanidad en esta escena final. En cambio, estos sanados podrían ser los no elegidos a quienes se les concede misericordia en la nueva tierra final.

ESPERANZA MÁS ALLÁ DE LOS ELEGIDOS

Este podría ser el sentido de las palabras del profeta Daniel: "Muchos serán purificados" (Daniel 12:10). Esto podría referirse a aquellos que son "salvos como por fuego", no como parte de los elegidos, sino como un grupo separado.

Si esto es correcto, entonces la salvación de los no elegidos ofrece una explicación bíblica para versículos que sugieren un número mayor de salvos que aquellos identificados estrictamente como creyentes. En tal caso, los creyentes representarían un subconjunto dentro del número más amplio de redimidos.

El concepto teológico de la salvación de los no elegidos es relativamente nuevo y aún se encuentra en desarrollo a través de la investigación académica en curso. No es una doctrina formal, ni puede confirmarse con certeza en este momento. Por lo tanto, toda interpretación de este tipo debe abordarse con cautela, como una hipótesis académica especulativa más que como una afirmación dogmática. El propósito al presentarla es mostrar que esta lectura concuerda con una interpretación literal y coherente de las Escrituras, y por tanto, constituye una posibilidad válida a considerar.

Una discusión responsable sobre la profecía nunca debe basarse únicamente en opiniones personales. Por eso, esta exploración se ha apoyado profundamente en los escritos de reconocidos Padres de la Iglesia primitiva que afirmaron el quiliasmo. Al fundamentar el argumento en su testimonio, este estudio evita convertirse en una teoría subjetiva. Aun si esta interpretación resultara ser incorrecta, Dios ve la honestidad del esfuerzo. La evidencia citada fue real, el método fiel, y en ningún momento se presentó la afirmación como una revelación directa de parte de Dios. En tales casos, es razonable creer que Dios, en Su justicia, no condenaría una búsqueda sincera realizada con reverencia y humildad.

CAPÍTULO 4 Sombra de Muerte: Una Mirada Profética a la Salvación en el Mundo Espiritual

INTRODUCCIÓN

La palabra hebrea וְצַלְמָוֶת (*wə·ṣal·mā·weṯ*), comúnmente traducida como "**sombra de muerte**" —y referida a lo largo de este ensayo simplemente como *la frase*— podría indicar regiones dentro del mundo espiritual asociadas al juicio en el Infierno. Si ese fuera el caso, entonces el pasaje clave de Salmos 107:10–15 podría describir una forma de salvación para los no elegidos, otorgada a algunos que son liberados después de haber soportado juicio en el Infierno.

En el uso moderno del inglés, la expresión "sombra de muerte" suele referirse a personas que están vivas, pero enfrentan una muerte inminente, como en casos de enfermedad grave o trauma. Sin embargo, en contextos bíblicos, especialmente dentro de la lingüística hebrea, el término puede tener connotaciones teológicas más amplias. Puede representar un estado de **muerte espiritual** o de separación de Dios a causa del pecado. También puede describir simbólicamente un período de duelo o aflicción, como el dolor tras la pérdida de un ser querido.

LA SOMBRA DE MUERTE EN LA BIBLIA

El uso directo por parte de Dios del misterioso término hebreo וְצַלְמָוֶת (*wə·ṣal·mā·weṯ*), traducido como "**sombra de muerte**", aparece de forma destacada en Su discurso con Job. Esto es significativo, ya que el contexto sugiere con fuerza el mundo espiritual, especialmente dado que la palabra *muerte* aparece junto a la imagen de "**puertas**". La referencia a las "**puertas de la muerte**" podría sugerir acceso hacia —y desde— regiones punitivas, y el término *sombra* que la acompaña puede implicar un estado intermedio. Dios pregunta:

ESPERANZA MÁS ALLÁ DE LOS ELEGIDOS

¿Te han sido descubiertas las puertas de la muerte,

Y has visto las puertas de la sombra de muerte?" (Job 38:17)

Tales expresiones sugieren algo más que un lenguaje poético. Probablemente aluden a una realidad espiritual estructurada, que involucra lugares de juicio o castigo más allá de la muerte física.

Un pasaje particularmente impactante que podría describir un caso de **salvación de no elegidos** es **Salmos 107:10–15**, donde vuelve a aparecer la frase *sombra de muerte*. El texto declara claramente que estos individuos se rebelaron contra Dios y rechazaron Su voluntad—y sin embargo, fueron finalmente salvados tras soportar el juicio. Dice así:

Algunos moraban en tinieblas y sombra de muerte,

Aprisionados en aflicción y en hierros,

Por cuanto fueron rebeldes a las palabras de Jehová,

Y aborrecieron el consejo del Altísimo.

Por eso quebrantó con el trabajo sus corazones;

Cayeron, y no hubo quien los ayudase.

Luego que clamaron a Jehová en su angustia,

Los libró de sus aflicciones;

Los sacó de las tinieblas y de la sombra de muerte,

Y rompió sus prisiones.

Alaben la misericordia de Jehová,

Y sus maravillas para con los hijos de los hombres.

Porque quebrantó las puertas de bronce,

Y desmenuzó los cerrojos de hierro" (Psalm 107:10–16).

La **Septuaginta** conserva el mismo significado esencial:

"Aun a los que estaban sentados en tinieblas y en sombra de muerte,

Encadenados en pobreza y en hierro;
Porque se rebelaron contra las palabras de Dios,
Y provocaron el consejo del Altísimo.
Por eso su corazón fue abatido con tribulaciones;

Se debilitaron, y no hubo quien los auxiliara.
Entonces clamaron al Señor en su aflicción,
Y Él los salvó de sus angustias.

Y los sacó de las tinieblas y de la sombra de muerte,
Y rompió sus ataduras.

Reconozcan ante el Señor sus misericordias
Y sus maravillas para con los hijos de los hombres.
Porque hizo pedazos las puertas de bronce
Y trituró los cerrojos de hierro" *(Salmos 106:10–16, LXX).*

Este pasaje sugiere con fuerza que los receptores de esta liberación no estaban entre los fieles. Se habían rebelado y habían rechazado el consejo de Dios, y sin embargo, fueron liberados después de clamar a Él. El hecho de que esto ocurriera en la *sombra de muerte* implica un contexto de juicio en el mundo espiritual. Varios otros pasajes respaldan esta interpretación.

I. Job 3:3-5 - La Sombra de Muerte Como Oscuridad del Mundo Espiritual

Job lamenta el día de su nacimiento, deseando que hubiera perecido en tinieblas. La frase *sombra de muerte* parece aquí describir un ámbito opuesto al día del nacimiento, es decir, el **reino de la muerte**:

Perezca el día en que yo nací,

Y la noche en que se dijo: Varón es concebido.

Sea aquel día sombrío,

Y no cuide de él Dios desde arriba,

Ni claridad sobre él resplandezca.

Aféenlo tinieblas y sombra de muerte;

Repose sobre él nublado

Que lo haga horrible como día caliginoso" (Job 3:3-5).

Este pasaje, que a menudo se estudia por su profundidad en cuanto a la angustia psicológica, también puede sugerir una interpretación teológica de la muerte como una región espiritual real—algo que Job claramente teme, pero que contempla con profunda seriedad.

II. Job 10:19-22 - La Sombra de Muerte Como el Lugar del que no se Regresa

Aquí Job se refiere explícitamente al viaje tras la muerte como ir a la tierra de oscuridad y *sombra de muerte*. Su descripción enfatiza su carácter definitivo:

> Fuera como si nunca hubiera existido,
>
> Llevado del vientre a la sepultura.
>
> ¿No son pocos mis días?
>
> Cesa, pues, y déjame, para que me consuele un poco,
>
> Antes que vaya para no volver,
>
> A la tierra de tinieblas y de sombra de muerte;
>
> Tierra de oscuridad, lóbrega,
>
> Como sombra de muerte y sin orden,
>
> Y cuya luz es como densas tinieblas" (Job 10:19–22).

Este pasaje revela que, según el entendimiento de Job, la *sombra de muerte* no es algo meramente metafórico, sino que se refiere a un dominio literal más allá de la vida—uno desordenado, lúgubre y permanente para quienes entran en él.

III. Job 28:3 - Las Profundidades de la Tierra Como Sombra de Muerte

Aquí, la frase se utiliza para describir las profundidades físicas que el hombre explora en busca de minerales. Sin embargo, el lenguaje evoca paralelos con el inframundo o el mundo espiritual oculto:

> "A las tinieblas ponen término,
>
> Y examinan todo a la perfección,
>
> Las piedras que hay en oscuridad y en sombra de muerte"
>
> (Job 28:3).

Dado que el mundo espiritual suele estar asociado con las regiones inferiores de la tierra, este versículo ofrece un **puente figurado** entre las profundidades terrenales y las espirituales. Refleja la creencia de que la *sombra* *de muerte* está vinculada a un **reino subterráneo**, donde las almas esperan el juicio.

La ciencia moderna también ha especulado sobre la existencia de dimensiones paralelas. Si el mundo espiritual existe como una capa por debajo o más allá de la nuestra, como sugieren estos versículos, permanecería indetectable hasta que los instrumentos empíricos sean capaces de interactuar con ese reino. Hasta entonces, sigue siendo una cuestión de **fe**: la certeza de lo que se espera, la convicción de lo que no se ve (Hebreos 11:1).

V. Salmo 44:19 – Sombra de Muerte y Dragones

En este versículo, la frase aparece junto a la mención de "dragones", que probablemente simbolizan fuerzas espirituales o reinos desolados:

"Aunque nos quebrantaste en el lugar de los dragones,
Y nos cubriste con sombra de muerte" *(Salmo 44:19, RV 1909 / KJV).*

La raíz hebrea respalda la traducción como *dragones*, aunque algunos estudiosos sostienen que podría referirse a *chacales*. La **Septuaginta**, por su parte, omite ambos términos y simplemente dice:

"Porque nos has abatido en un lugar de aflicción,
Y la sombra de muerte nos ha cubierto" *(Salmo 43:19, LXX).*

Más allá de las diferencias de traducción, este pasaje evoca una imagen vívida de sufrimiento en un lugar abandonado. Muchos comentaristas lo interpretan en sentido alegórico, pero eso no excluye necesariamente una **aplicación literal al mundo espiritual**.

V. Salmo 107:10-12 – Juicio en el Mundo Espiritual Bajo la Sombra de Muerte

Como se ha mencionado anteriormente, este pasaje presenta a los que están en la *sombra de muerte* no como justos que sufren, sino como rebeldes que rechazaron la Palabra de Dios. Su condición se describe con términos como tinieblas, aflicción, cadenas y sin quien los socorra—todo lo cual sugiere un estado de castigo.

Algunos moraban en tinieblas y sombra de muerte,

Aprisionados en aflicción y en hierros,

> Por cuanto fueron rebeldes a las palabras de Jehová,
>
> Y aborrecieron el consejo del Altísimo.
>
> Por eso quebrantó con el trabajo sus corazones;
>
> Cayeron, y no hubo quien los ayudase" (Salmo 107:10–12).

No se trata de santos, sino de pecadores. Su redención no es producto de una dificultad temporal, sino de un castigo divino.

VI. Salmo 107:13-15 - Misericordia Divina y Posible Salvación de los No Elegidos

Lo que sigue confirma el tema de la **liberación**. A pesar de su rebelión, son salvados—posiblemente representando una **clase de no elegidos** que reciben misericordia después del juicio:

> Luego que clamaron a Jehová en su angustia,
>
> Los libró de sus aflicciones;
>
> Los sacó de las tinieblas y de la sombra de muerte,
>
> Y rompió sus prisiones.
>
> Alaben la misericordia de Jehová,
>
> Y sus maravillas para con los hijos de los hombres" (Salmo 107:13–15).

Esto podría señalar un **ejemplo real de salvación de los no elegidos**, en el cual se concede misericordia después de un período de aflicción en un contexto de juicio en el mundo espiritual. Algunos estudiosos sostienen que el Salmo 107 se refiere principalmente al cautiverio histórico de Israel en Egipto o Babilonia, y aplican estos versículos de forma alegórica. Sin embargo, tales aplicaciones históricas **no invalidan** una interpretación literal. El cumplimiento dual o los significados en capas son un principio bien establecido en la **profecía bíblica** y en la **tipología**—especialmente cuando otros textos y contextos los respaldan.

VII. Jeremías 2:6 - Un Uso Debatido

Esta última aparición es citada por algunos para argumentar que todas las referencias a la *sombra de muerte* se refieren únicamente al sufrimiento terrenal, como el éxodo de Israel o el cautiverio en Babilonia:

> Y no dijeron: ¿Dónde está Jehová, que nos hizo subir de la tierra de Egipto, que nos condujo por el desierto, por una tierra desierta y despoblada, por tierra seca y de sombra de muerte, por una tierra por la cual no pasó varón, ni allí habitó hombre?" (Jeremiah 2:6).

Aunque esto puede aludir a un paisaje físico, el lenguaje sigue describiendo una **zona transicional o intermedia**—un lugar por el que "ningún hombre pasa" ni "habita". Esto refuerza la conexión con el mundo espiritual como un **reino desolado de separación**, ya sea en sentido literal o simbólico.

Aun si Jeremías 2:6 se refiere únicamente a una geografía terrenal, no invalida el uso claramente espiritual de *sombra de muerte* en Job y los Salmos. Así, el patrón bíblico general respalda firmemente una lectura en la cual *sombra de muerte* no se refiere solo a dificultades en la vida, sino a la **posibilidad de misericordia divina después del castigo en la otra vida**—un contexto plausible para la **salvación de los no elegidos**.

LA SOMBRA DE MUERTE EN EL EVANGELIO DE NICODEMO

Esta sección presenta citas de escritos cristianos antiguos que respaldan la idea de que la frase *sombra de muerte* se refiere al mundo espiritual, en particular a sus regiones de juicio. Si esta interpretación es correcta, entonces Salmo 107:10–15 podría describir una forma de salvación de los no elegidos—para algunos, no para todos—después del juicio, si así lo quiere Dios. Por tanto, para defender esto como una posibilidad bíblica plausible (no como una doctrina), es necesario demostrar que *sombra de muerte* puede referirse, en efecto, al ámbito espiritual.

Aunque ni Justino de Roma ni Tertuliano hacen un uso directo de la expresión *sombra de muerte* en este contexto exacto (posiblemente debido a la pérdida de partes relevantes de sus escritos), fuentes antiguas como Eusebio y otros señalan que ambos hicieron referencia a un texto conocido como los *Hechos de Pilato* o *Acta Pilati*. Este escrito, aunque no canónico, ha sido considerado por algunos estudiosos católicos romanos como **ortodoxo** y libre de influencia gnóstica. También es conocido bajo el nombre de **Evangelio de Nicodemo**, y dentro de él encontramos una clara conexión entre la expresión *sombra de muerte* y el contexto de **juicio en el mundo espiritual**—especialmente en relación con **Salmo 107:10–16** y **Mateo 4:15–16**.

ESPERANZA MÁS ALLÁ DE LOS ELEGIDOS

El siguiente pasaje lo ilustra con claridad:

"La tierra de Zabulón y la tierra de Neftalí, camino del mar, al otro lado del Jordán, Galilea de los gentiles: el pueblo que habitaba en tinieblas vio gran luz; y la luz resplandeció sobre los que estaban en la región de la sombra de muerte. Y ahora ha venido y ha brillado sobre nosotros, los que estábamos sentados en la muerte".

Y cuando todos los santos oyeron esto de parte de Isaías, dijeron al Hades: *Abre tus puertas. Pues ya estás vencido, serás débil e impotente.*

Y se oyó una gran voz, como de truenos, que decía: *"¡Abran sus puertas, oh príncipes! ¡Ábranse, puertas infernales, y entrará el Rey de gloria!"*

El Hades, al ver que esto se proclamaba por segunda vez, dijo, como si no supiera: *"¿Quién es ese Rey de gloria?"*

David respondió al Hades: *"Reconozco esas palabras del clamor, pues yo profeticé lo mismo por Su Espíritu. Y ahora, lo que antes he dicho, te lo repito: El Señor, fuerte y poderoso; el Señor, poderoso en batalla, Él es el Rey de gloria"*.

Y el mismo Señor ha mirado desde los cielos hacia la tierra, *para oír los gemidos de los cautivos y liberar a los hijos de los muertos.*

Y ahora, Hades inmundo y repugnante, **abre tus puertas**, para que entre el Rey de gloria.

Mientras David hablaba así, vino al Hades, en forma de hombre, el Señor de la majestad, e iluminó la oscuridad eterna; y rompió las cadenas indisolubles. Y el auxilio del poder invencible nos visitó, a nosotros que estábamos sentados en la profunda oscuridad de las transgresiones, y en la sombra de muerte de los pecados.

Este pasaje es clave. Aunque se refiere claramente al **descenso de Cristo al Hades para rescatar a los santos** (es decir, una salvación de los elegidos), también describe a **otros** —aquellos en gemidos, cadenas, pecados y transgresiones, en las regiones más "inmundas" del Hades— siendo **liberados** también. Estos podrían representar a **los que están fuera de la Esposa de Cristo**. Si es así, sugiere un posible ejemplo de **salvación de los no elegidos**.

La propia enseñanza de Cristo en **Lucas 16:19–31**, que describe al Hades como dividido entre consuelo y tormento, **corresponde con esta representación**. El *Evangelio de Nicodemo*, aunque no es Escritura, **coincide con el pensamiento judío y la tradición cristiana primitiva** sobre la compartimentación del mundo espiritual.

Todas las variantes conocidas del *Evangelio de Nicodemo*, especialmente la **Parte II**, conservan este posible tema de salvación de los no elegidos. Por ejemplo, en la versión griega de la Parte II, se describe la liberación de todos los muertos de las regiones oscuras del Hades, junto con los santos:

> Hades respondió: "…Porque, he aquí, **todos los que he tragado desde la eternidad** los percibo ahora en conmoción, y siento **dolor en mis entrañas**. Y el haberme sido arrebatado Lázaro de antemano no me parece buen presagio: **pues no salió de mí como un cadáver,** sino como un águila que volaba; **tan repentinamente lo arrojó la tierra.**
>
> Por eso también te conjuro, **por tu bien y por el mío**, que no lo traigas aquí; porque pienso que Él viene a **levantar a todos los muertos**. Y esto te digo: **por la oscuridad en la que vivimos**, si lo traes aquí, **no me quedará ni un solo muerto** en este lugar.
>
> … Entonces se oyó de nuevo una voz que decía: "¡Abran las puertas!"
>
> Hades, al oír la voz por segunda vez, respondió como si no supiera, y dijo: "**¿Quién es este Rey de gloria?**"
>
> Los ángeles del Señor dijeron: "**El Señor, fuerte y poderoso; el Señor, poderoso en batalla.**"
>
> Y de inmediato, con estas palabras, **las puertas de bronce se quebraron, y las barras de hierro se rompieron**, y todos los muertos que habían estado atados salieron de las prisiones, y nosotros con ellos.
>
> Y el Rey de gloria **entró en forma de hombre, y todas las regiones oscuras del Hades fueron iluminadas**".

Una vez más, vemos aquí que **no solo los santos** son liberados, sino **todos los muertos que habían estado atados**—una posible indicación de que la **salvación se extiende incluso a los impíos después del juicio**. Si esto es válido, podría respaldar la noción de una **salvación para los no elegidos**.

ESPERANZA MÁS ALLÁ DE LOS ELEGIDOS

La **segunda forma latina de la Parte II** continúa con este mismo tema, utilizando la expresión exacta *"sombra de muerte"* para describir el mundo inferior:

> "Yo, Carino: Oh, Señor Jesucristo, Hijo del Dios viviente, permíteme hablar de Tus maravillas que has obrado en el mundo inferior.
> Cuando, por tanto, estábamos retenidos en tinieblas y en la sombra de muerte en el mundo inferior, de repente resplandeció sobre nosotros una gran luz, y el Hades y las puertas de la muerte temblaron.
>
> Y entonces se oyó la voz del Hijo del Padre Altísimo, como la voz de un gran trueno; y proclamando con fuerza, les ordenó así: *"¡Abran sus puertas, oh príncipes! ¡Ábranse, puertas eternas! Porque el Rey de gloria, Cristo el Señor, ha de subir para entrar"*.
>
> Entonces Satanás, el príncipe de la muerte, subió huyendo aterrorizado, diciendo a sus oficiales y a las potestades inferiores: *"Mis oficiales, y todas las potestades de abajo, acudan juntos, cierren sus puertas, levanten las barras de hierro, luchen con valentía, resistan, no sea que nos atrapen y nos mantengan cautivos en cadenas"*.
>
> Entonces todos sus impíos oficiales quedaron perplejos…
>
> Y todos los santos, al oír esto nuevamente, se regocijaron con gran alegría.
>
> Y uno de los que estaban allí, llamado Isaías, exclamó con voz fuerte y tronante: *"Padre Adán, y todos los que están aquí reunidos, escuchen mi declaración. Cuando yo estaba en la tierra, y por la enseñanza del Espíritu Santo, profeticé acerca de esta luz: 'El pueblo que habitaba en tinieblas vio gran luz; a los que moraban en la región de sombra de muerte, luz les resplandeció'"*.
>
> … Entonces el Salvador, habiendo inquirido plenamente sobre todos, tomó al Hades, arrojó inmediatamente a algunos al Tártaro, y llevó consigo a otros al mundo superior".

Esta declaración final refuerza el punto clave: *no todos* en el Hades fueron salvados. El Señor separó a los individuos—arrojando a algunos al Tártaro (reservado para el castigo final) y llevando a otros consigo al mundo superior. Entre los que fueron salvados había algunos que habían estado encadenados, referidos como "nosotros" en el relato. Estos podrían representar a **personas no elegidas** que recibieron **misericordia tras el juicio**.

Independientemente de si este pasaje se aplica exclusivamente a personas del pasado, armoniza bien con la interpretación de Salmo 107:10–16, el cual describe a individuos que son salvados después de haber sido juzgados en condiciones semejantes al Hades. Si estas personas no son la Esposa de Cristo—la cual debe estar compuesta por los fieles, los justos y los que vivieron en obediencia—entonces podrían representar un grupo distinto: los que son salvos, pero no glorificados.

Tal grupo podría corresponder a las naciones de los salvos que heredan la nueva tierra final (Apocalipsis 21:24–26), diferenciadas de la Esposa que hereda la Nueva Jerusalén. Todos los cristianos son llamados sacerdotes y reyes (Apocalipsis 1:6; 1 Pedro 2:9), y los Padres de la Iglesia afirman esto de manera constante. Por lo tanto, si hay quienes son salvos, pero no comparten ese estatus sacerdotal, podrían pertenecer a una categoría no elegida—redimidos por la misericordia de Dios, pero no glorificados en el ámbito celestial.

LA SOMBRA DE MUERTE EN LOS PADRES DE LA IGLESIA

Para fortalecer la posibilidad de que la expresión *sombra de muerte* se refiera al mundo espiritual—incluyendo tanto las regiones de juicio como las de consuelo—es importante examinar cómo usaron esta expresión los Padres de la Iglesia. Estos testigos históricos no siempre comentan directamente sobre los aspectos punitivos del Hades, pero sus escritos confirman de manera consistente que *sombra de muerte* se entendía como una realidad intermedia, el lugar donde las almas esperan la resurrección. Esto respalda la interpretación de Salmo 107:10–16 como una posible descripción de salvación de los no elegidos.

Ireneo de Lyon (c. 130–202 d.C.) ofrece un ejemplo claro. En su defensa de la resurrección corporal, reprende a quienes espiritualizan Efesios 4:9–10 y niegan el estado intermedio. Afirma que Cristo descendió corporalmente a las regiones de los muertos—a la *"sombra de muerte"*—y que de igual forma resucitará a Sus discípulos:

> "[Si todas estas cosas ocurrieron, digo yo], ¿cómo no habrían de quedar confundidos estos hombres, que alegan que las regiones inferiores se refieren a este mundo nuestro, y que su hombre interior, dejando el cuerpo aquí, asciende al lugar supra-celestial? Pues así como el Señor descendió en medio de la *sombra de muerte*, donde estaban las almas de los muertos, y después se levantó en

cuerpo, y tras la resurrección fue llevado [al cielo], es evidente que también las almas de sus discípulos, por quienes el Señor padeció estas cosas, irán al lugar invisible que Dios les ha destinado, y allí permanecerán hasta la resurrección, esperando ese evento; y entonces, recibiendo sus cuerpos y resucitando en su totalidad, es decir, corporalmente, vendrán así ante la presencia de Dios".

Ireneo conecta claramente la *sombra de muerte* con el reino invisible, el estado intermedio para las almas sin cuerpo. Aunque no se detiene en las regiones de tormento, afirma que las almas de los discípulos de Cristo permanecen en ese lugar invisible hasta la resurrección. Esto confirma directamente el fundamento teológico sobre el cual descansa la posibilidad de una salvación de los no elegidos.

Una homilía patrística anónima, comúnmente titulada *Antigua Homilía para el Sábado Santo*, también se refiere a la *sombra de muerte* de forma inequívoca en el contexto del mundo espiritual. Algunos estudiosos atribuyen esta homilía a Melitón de Sardes (c. 100–180 d.C.), aunque la autoría sigue siendo incierta:

"Está ocurriendo algo extraordinario: hay un gran silencio sobre la tierra hoy, un gran silencio y quietud. Toda la tierra guarda silencio porque el Rey duerme. La tierra tembló y quedó inmóvil porque Dios se ha dormido en la carne, y ha resucitado a todos los que han dormido desde el principio del mundo. Dios ha muerto en la carne, y el infierno tiembla de temor.

Ha bajado a buscar a nuestro primer padre, como a una oveja perdida. Deseando intensamente visitar a los que vivían en tinieblas y en la sombra de muerte, ha venido para liberar del dolor a los cautivos Adán y Eva—Él, que es Dios y también hijo de Eva".

Esta homilía equipara explícitamente la *sombra de muerte* con la condición espiritual de quienes están en el Hades. Adán y Eva son mencionados como cautivos en el dolor, y sin embargo, están entre los liberados. La referencia a la liberación de los cautivos de esta oscuridad refleja tanto la esperanza de la salvación de los elegidos, como la posibilidad de que otras almas —como los patriarcas o aquellos justificados por su conciencia— sean liberadas del dominio de la muerte.

Gregorio Taumaturgo (c. 213–270 d.C.), obispo conocido por su ministerio milagroso y claridad teológica, también emplea la expresión *sombra de muerte* para describir el mundo espiritual. En una homilía en honor a la Virgen María, recurre a la imagen de Cristo como la perla resplandeciente que entra en la oscuridad para rescatar las almas:

> "Trencemos, como con una guirnalda, las almas [de aquellos que aman esta festividad y anhelan escucharla] con flores doradas, deseosas de ser coronadas con guirnaldas de los jardines imperecederos; y ofreciendo en nuestras manos las flores de Cristo, llenas de fruto, recojámoslas. Porque el templo divino de la Santa Virgen es digno de ser glorificado con tal corona; ya que la Perla resplandeciente sale, a fin de levantar nuevamente hacia la luz que fluye eternamente a los *que habían descendido a la oscuridad y a la sombra de muerte*".

Aquí, la frase *"descendidos a la sombra de muerte"* describe claramente a aquellos que han entrado en el mundo espiritual. La misión de Cristo se presenta como llevarlos a la luz eterna, aludiendo una vez más a un rescate post mortem que podría incluir a personas más allá de los elegidos.

Melitón de Sardes también ofrece un uso significativo de *sombra de muerte* en su conocida obra *Sobre la Pascua*. En su rica reflexión tipológica, describe la condición de la humanidad bajo el dominio de la muerte antes de Cristo:

> "La humanidad fue repartida por la muerte, pues un extraño desastre y una cautividad lo rodeaban; fue arrastrado cautivo bajo la sombra de muerte, y la imagen del Padre quedó desolada. Por esta razón, en el cuerpo del Señor se cumple el misterio pascual".

Esta afirmación no se refiere únicamente a la muerte física, sino a una cautividad espiritual — *"bajo la sombra de muerte"*— que Cristo rompió con Su Pasión. Esto respalda la noción de que la frase puede implicar una esclavitud espiritual en la otra vida.

Por último, **Juan Damasceno** (c. 675–749 d.C.), considerado a menudo como el último de los Padres de la Iglesia griega, utiliza claramente la expresión "sombra de muerte" en referencia a las regiones de castigo en el Hades. En su reflexión teológica, afirma que **Cristo llevó luz a ese reino**, ofreciendo salvación a quienes creyeron después de verle, **aun entre los que estaban encadenados.**:

> «El alma, cuando fue divinizada, descendió al Hades, para que así como el Sol de Justicia se levantó para los que están sobre la tierra, de igual manera Él pudiera llevar luz a los que se sientan bajo la tierra, en tinieblas y sombra de muerte; para que así como trajo el mensaje de paz a los que están sobre la tierra, y libertad a los cautivos, y vista a los ciegos, y se convirtió para los que creyeron en el Autor de la salvación eterna, y para los que no creyeron en un

reproche por su incredulidad, así también lo fuera para los que están en el Hades: que ante Él se doble toda rodilla, de los que están en los cielos, en la tierra y debajo de la tierra. Y así, después de haber libertado a los que habían estado atados por siglos, se levantó de inmediato de entre los muertos, mostrándonos el camino de la resurrección».

Las palabras de Juan afirman con gran fuerza el alcance del descenso de Cristo. No solo se refiere a la *"sombra de muerte"* como un lugar literal dentro del Hades, sino que también señala que algunos que habían estado atados por siglos fueron libertados. Otros permanecieron condenados, reprochados por su incredulidad, aun en ese lugar. Esto muestra que algunos creyeron al ver a Cristo, una situación que podría reflejar la posibilidad de salvación para los no elegidos. Tales personas no son claramente la Esposa de Cristo ni Su pueblo sacerdotal (Apocalipsis 1:6), pero podrían, sin embargo, recibir misericordia.

Estos escritos patrísticos respaldan la comprensión de que la expresión *"sombra de muerte"* es más que un lenguaje poético: a menudo se refiere a una región real del estado intermedio. Ya sea en compartimentos de consuelo o de castigo, se la vincula repetidamente con el descenso de Cristo al Hades, Su proclamación de victoria, y en algunos casos, la liberación de prisioneros. Si el Salmo 107:10–16 se refiere a una clase de estas almas —aquellos que se rebelaron, pero clamaron después y fueron rescatados— entonces la salvación de los no elegidos sigue siendo una posibilidad teológica válida, fundamentada tanto en la Escritura como en el testimonio del cristianismo primitivo.

LA SOMBRA DE MUERTE EN EL USO MODERNO

Incluso en la literatura contemporánea, la expresión *"sombra de muerte"* se utiliza de maneras que coinciden con su asociación tradicional con el mundo espiritual. Un ejemplo moderno digno de mención aparece en los escritos de **C. S. Lewis**, autor de *Las Crónicas de Narnia*. Aunque no fue teólogo en el sentido sistemático, Lewis expresa conceptos teológicos que se intersectan con la idea de una posible salvación para los no elegidos. En *El gran divorcio*, Lewis presenta una narrativa ficticia sobre almas que viajan entre una "ciudad gris" y un reino celestial, guiadas por una comprensión espiritual más profunda. En la siguiente escena del libro, se utiliza el término *"Valle de la Sombra de Muerte"* para distinguir a aquellos que permanecen en rebeldía de quienes emprenden el camino hacia la luz:

—No lo entiendo. ¿El juicio no es definitivo? ¿Realmente hay una salida del infierno hacia el cielo? —pregunté. MacDonald respondió:

—Depende de cómo estés usando las palabras. Si abandonan esa ciudad gris, entonces no habrá sido el infierno. Para cualquiera que la deje, es el purgatorio. Y quizás será mejor que no llames a este país "cielo". No el Cielo Profundo, ¿entiendes? —(Aquí me sonrió)—. Puedes llamarlo el *Valle de la Sombra de la Vida*. Y, sin embargo, para aquellos que permanecen aquí, habrá sido el cielo desde el principio. Y puedes llamar a esas calles tristes de la ciudad allá lejos el Valle de la Sombra de Muerte; pero para los que se quedan allí, habrá sido el infierno incluso desde el comienzo.

Aquí, Lewis utiliza el *"Valle de la Sombra de Muerte"* de manera metafórica, pero no carente de peso teológico. Se trata de un ámbito con consecuencias espirituales: infierno para los no arrepentidos, y algo completamente distinto para aquellos que se vuelven hacia la luz. Esto respalda, al menos desde lo narrativo, el concepto de una **transformación post mortem**, un componente clave en la posibilidad de salvación para los no elegidos.

Lewis no limitó tales ideas únicamente a la ficción. En una carta, expresó su creencia personal en el purgatorio, a pesar de su identidad protestante:

"Por supuesto que oro por los muertos. ... A nuestra edad, la mayoría de aquellos a quienes más amamos ya han muerto. ... Yo creo en el purgatorio. Ojo, los reformadores tenían buenas razones para poner en duda 'la doctrina romana del purgatorio', tal como esa doctrina romana se había vuelto en ese entonces".

Si bien su creencia en el purgatorio no se alinea completamente con la doctrina de la salvación de los no elegidos que aquí se expone, ilustra que incluso pensadores cristianos modernos respetados han aceptado la existencia de **estados intermedios** y **la purificación después de la muerte**, ideas que se superponen con esta posibilidad.

CONCLUSIÓN

Incluso si la expresión literal *"sombra de muerte"* se refiere en algunos contextos a la aflicción terrenal o al sufrimiento temporal, muchas Escrituras demuestran que también puede tener un significado relacionado con el mundo espiritual. Esta interpretación doble —donde un pasaje transmite tanto una verdad literal como una verdad espiritual más profunda— no es infrecuente en la Escritura.

Por ejemplo, consideremos Oseas 11:1: "Cuando Israel era muchacho, yo lo amé, y de Egipto llamé a mi hijo".

Este versículo se refiere claramente al **éxodo histórico de Israel**. Sin embargo, en Mateo 2:14–15, el escritor del Evangelio **le da un cumplimiento cristológico**:

"Y él, despertando, tomó de noche al niño y a su madre, y se fue a Egipto, y estuvo allá hasta la muerte de Herodes; para que se cumpliese lo que dijo el Señor por medio del profeta, cuando dijo: De Egipto llamé a mi Hijo".

Ambos significados —el literal y el profético— son válidos. De la misma manera, la expresión *"sombra de muerte"* puede usarse en la Escritura tanto para **describir un tiempo de peligro terrenal como una ubicación o condición en el mundo espiritual.** Una misma frase puede contener múltiples niveles de verdad sin que exista contradicción.

Sin embargo, es apropiado hacer una advertencia: la Escritura nunca debe ser alegorizada de manera arbitraria. Toda sugerencia de un doble significado debe ser sopesada cuidadosamente, y jamás debe promoverse como doctrina a menos que pueda ser claramente establecida por la misma Palabra. Por tanto, esta interpretación de *"sombra de muerte"* como una referencia al **mundo espiritual** y a la **salvación de los no elegidos** debe mantenerse como una posibilidad teológica, no como una exigencia doctrinal.

No obstante, si esta posibilidad es correcta, varios pasajes difíciles de la Escritura adquieren un sentido más claro. Por ejemplo, la frase **"será salvo, aunque, así como por fuego"** (1 Corintios 3:15) podría describir a alguien que es librado **de manera póstuma**, sin galardón, posiblemente a través de un escenario de **creer después de ver**, como se sugiere en Juan 6:29, 35–36, 40.

En contraste, **los cristianos —los elegidos— reciben la recompensa de la herencia** (Colosenses 3:24) y son simbolizados como la **buena tierra** en la Parábola del Sembrador (Lucas 8:15). Su salvación no es solo una liberación, sino una entrada llena de recompensas en el reino celestial, donde se convierten en la Esposa de Cristo y entran al mismo cielo (Apocalipsis 19:7–9; 21:2).

Por otro lado, aquellos que experimentan la salvación de los **no elegidos** pueden no ser la Esposa, pero forman parte de las naciones de los salvos (Apocalipsis 21:24). Estos no entran en el cielo, sino que habitan en la nueva tierra. Como se afirma en 1 Corintios 15:40, los cuerpos de resurrección pueden diferir: celestiales para los elegidos y terrenales para otros. Así, todos los cristianos pueden entrar en el cielo, mientras que muchos otros, aunque salvos, podrían quedar confinados a la tierra.

Estas distinciones, si están fundamentadas en la Escritura, revelan que la salvación misma puede manifestarse en grados, y que la misericordia en la otra vida, aunque rara y condicional, sigue siendo una posibilidad teológica, reconocida tanto en el testimonio antiguo como coherente con el lenguaje literal de la Biblia.

CAPÍTULO 5 ¿Se Refiere la Expresión "Como Ladrón en la Noche" a una Venida Secreta de Cristo?

INTRODUCCIÓN

El movimiento pentecostal popularizó la doctrina de una venida secreta de Cristo a través de lo que hoy se conoce como el **"rapto secreto"**. Este concepto fue sistematizado por primera vez por **John Nelson Darby** (1800–1882), un predicador del movimiento de los Hermanos de Plymouth. A pesar del entusiasmo moderno por esta teoría, llama la atención la **falta de evidencia concreta** de que algún grupo de la Iglesia primitiva la haya considerado un artículo de fe. La idea no aparece en los credos, confesiones ni catecismos de la Iglesia antigua. Es una innovación que solo ganó fuerza durante el siglo XIX.

Este ensayo se centra en la expresión **"como ladrón en la noche"**, examinando su uso bíblico y los escritos de los Padres de la Iglesia que apoyaban el quiliasmo. El propósito es demostrar que la Escritura enseña de manera consistente una segunda venida de Cristo que es **única, pública y visible**. Si esta conclusión es correcta, entonces la teoría del rapto secreto no solo es antibíblica, sino potencialmente peligrosa. Quienes creen en una escapatoria antes de la tribulación podrían volverse espiritualmente complacientes, sin prepararse para las pruebas asociadas al anticristo final y la gran tribulación.

Una comprensión correcta de la venida de Cristo protege contra la transgresión del tercer mandamiento —tomar el Nombre de Jehová en vano— al evitar afirmaciones proféticas especulativas o inexactas. Un examen bíblico de este tema ayudará a los creyentes a **discernir qué voces deben escuchar** cuando se trata de interpretar la profecía.

AFIRMACIONES SOBRE UN RAPTO PRE-TRIBULACIONAL EN LA ANTIGÜEDAD

Algunos autores modernos afirman que el rapto pre-tribulacional fue enseñado en la Iglesia primitiva y luego se perdió. Uno de sus principales argumentos se basa en el lenguaje de inminencia que aparece en la Escritura. Sin embargo, las frases que denotan inminencia no son exclusivas de la escatología. Por ejemplo, en Apocalipsis 3:3, Cristo habla de venir "como ladrón" a la iglesia del siglo I en Sardis —una advertencia claramente relacionada con el juicio por falta de arrepentimiento, no con un rapto escatológico. Los defensores del rapto pre-tribulacional intentan forzar el uso del tiempo futuro en ese pasaje para apoyar una idea de doble cumplimiento, pero esta interpretación carece de sentido si se considera que ningún evento de ese tipo ocurrió jamás en Sardis.

Otro pasaje que a menudo se cita proviene del *Pastor de Hermas*, el cual habla de "escapar de la gran tribulación". Pero una lectura cuidadosa revela que este escape no se refiere a evitar la tribulación, sino a perseverar a través de ella:

"Dichosos ustedes que soportan la gran tribulación que viene sobre... Estos son los que negarán a Él en los días venideros. A aquellos que negaron en tiempos pasados, **Dios les fue propicio,** por causa de Su inmensa misericordia."

El significado de "escapar" aquí claramente implica **resistir,** no evitar la tribulación. **El fuego que los prueba purifica a los elegidos,** así como el oro es refinado por el fuego. Se trata de una **salvación basada en la perseverancia,** no de una evacuación del peligro:

"Aquellos, por tanto, que perseveran firmes y son pasados por el fuego, serán **purificados por medio de él...** Este es, pues, el símbolo de la gran tribulación que ha de venir".

La visión no presenta un grupo de elegidos dividido en dos niveles, en el que algunos atraviesan la tribulación mientras otros la evitan. Por el contrario, todos los elegidos son refinados por medio de ella.

Otro documento que suele citarse es el *Sermón sobre los últimos tiempos, el Anticristo y el fin del mundo*, comúnmente conocido como *Pseudo-Efrén*. Este sermón contiene la siguiente frase:

ESPERANZA MÁS ALLÁ DE LOS ELEGIDOS

"Porque todos los santos y elegidos de Dios serán reunidos antes de la tribulación que ha de venir, y serán llevados al Señor, para que no vean la confusión que ha de invadir al mundo a causa de nuestros pecados" (sección 2).

Los defensores del rapto pre-tribulacional interpretan esta cita como un apoyo a la idea de un rapto secreto. Sin embargo, la afirmación de que "todos los santos y elegidos" son reunidos presenta un problema para esa postura. La doctrina pre-tribulacional enseña que solo algunos creyentes son arrebatados, mientras que otros (los llamados "dejados atrás") deben atravesar los siete años finales de tribulación. Si todos son llevados, entonces no debería quedar ningún creyente en la tierra. Sin embargo, este mismo texto describe a cristianos que permanecen durante la tribulación:

"En esos días no se enterrará a nadie, ni cristiano, ni hereje, ni judío, ni pagano... porque todos, mientras huyen, los ignoran" (sección 4).

Esto indica que los cristianos siguen presentes durante los horrores descritos, lo cual contradice la afirmación anterior, a menos que la "reunión" no se refiera a un rapto anticipado, sino a la venida pública de Cristo en Su segunda venida. Otras referencias en el *Pseudo-Efrén* confirman que los creyentes atraviesan la tribulación.

"En estos tres años y medio... habrá una gran tribulación... Pero los que vagan por los desiertos... doblan sus rodillas ante Dios... y son sostenidos por la salvación del Señor" (sección 8).

Estos son los fieles que sobreviven a través del fuego, no que escapan de él.

La sección 9 refuerza esta idea al describir la llegada de Elías y Enoc como testigos proféticos durante el reinado del anticristo. Estas figuras exhortan a los "testigos fieles de Dios" durante el tiempo de gran engaño, lo cual es una evidencia adicional de que los verdaderos creyentes permanecen en la tierra:

"...les envía una proclamación consoladora por medio de sus siervos, los profetas Enoc y Elías... y ellos llaman de regreso a los testigos fieles de Dios".

Finalmente, la sección 10 del mismo sermón revela que la venida de Cristo ocurre "después de la resurrección de los dos profetas" y después de que se hayan cumplido los tres años y medio. El Hijo del Hombre aparece públicamente con trompetas angélicas y la señal de la cruz, lo que describe claramente la segunda venida pública, no un rapto secreto.

"Y cuando se hayan cumplido los tres años y medio... vendrá la señal del Hijo del Hombre... la trompeta angélica lo precede... Entonces vendrá Cristo y el enemigo será sumido en confusión."

Este evento público coincide con la segunda venida descrita en Mateo 24:29–31 y 2 Tesalonicenses 1:7–10, no con una desaparición secreta. La reunión de "todos los santos y elegidos" mencionada en la sección 2 debe referirse a esta venida final, no a una huida oculta.

Por lo tanto, cualquier idea de que *Pseudo-Efrén* enseña un rapto secreto previo a la tribulación carece de fundamento. La evidencia contenida en el propio sermón deja claro que los creyentes están presentes y activos durante la tribulación. La única liberación que experimentan ocurre en el momento del regreso final de Cristo.

CREENCIA EN UN RAPTO POST TRIBULACIONAL ENTRE LOS PRINCIPALES ERUDITOS DE LA IGLESIA

Todos los eruditos de la historia temprana de la Iglesia creían en un rapto post-tribulacional. Es decir, no creían en una venida secreta de Cristo mediante una teoría de rapto previo a la tribulación. El testimonio constante en los escritos cristianos antiguos es que la Iglesia será perseguida por el Anticristo, en lugar de escapar de esa tribulación. Ningún escrito cristiano primitivo sugiere que alguna parte de la Iglesia sea llevada antes de esta tribulación final. A continuación, se presentan algunas citas representativas:

> "... el reino del Anticristo atacará ferozmente, aunque por poco tiempo, a la Iglesia antes del juicio final de Dios" — *Agustín de Hipona* (c. 354–430).

> "Él [Cristo] vendrá del cielo con gloria, cuando el hombre de apostasía, que habla cosas extrañas contra el Altísimo, se atreva a hacer obras impías sobre la tierra contra nosotros los cristianos" — *Justino de Roma* (c. 100–165).

> "... y él mismo será el octavo entre ellos. Y ellos devastarán Babilonia, la quemarán con fuego, entregarán su reino a la bestia, y harán huir a la Iglesia. Después de eso, serán destruidos por la venida de nuestro Señor" — *Ireneo de Lyon* (c. 130–202).

> "... la bestia, el Anticristo, con su falso profeta, hará guerra contra la Iglesia de Dios." — *Tertuliano* (c. 155–220).

ESPERANZA MÁS ALLÁ DE LOS ELEGIDOS

"Eso se refiere a los mil doscientos sesenta días (la mitad de la semana), durante los cuales el tirano reinará y perseguirá a la Iglesia"— *Hipólito de Roma* (c. 170–235).

"... que el día de la aflicción ha comenzado a cernirse sobre nuestras cabezas, y que el fin del mundo y el tiempo del Anticristo se acercan, de modo que todos debemos estar preparados para la batalla"— *Cipriano de Cartago* (c. 210–258).

"... los tiempos del Anticristo, cuando habrá una gran hambruna, y todos sufrirán daño... Habla de Elías el profeta, precursor de los tiempos del Anticristo, para la restauración y fortalecimiento de las iglesias tras la gran e intolerable persecución"— *Victorino de Pettau* (fallecido c. 303).

"Entonces él [el Anticristo] intentará destruir el templo de Dios y perseguirá al pueblo justo; y habrá angustia y tribulación, como nunca ha habido desde el principio del mundo. ... Cuando estas cosas sucedan, entonces los justos y los seguidores de la verdad se separarán de los impíos y huirán a lugares solitarios" — *Lactancio* (c. 250–325).

"No predicamos solo un advenimiento de Cristo, sino también un segundo, mucho más glorioso que el primero. ... En Su primera venida, soportó la cruz, menospreciando la vergüenza (Hebreos 12:2); en Su segunda, vendrá acompañado por una hueste de ángeles, recibiendo gloria. ... La Iglesia ahora te encarga ante el Dios viviente; te declara las cosas concernientes al Anticristo antes de que ocurran. Si sucederán en tu tiempo, no lo sabemos; o si sucederán después de ti, tampoco lo sabemos; pero es bueno que, conociendo estas cosas, te asegures con anticipación. ... Como si él [el Anticristo] fuera el Cristo esperado, se caracterizará luego por toda clase de crímenes de inhumanidad e impiedad, superando a todos los hombres injustos e impíos que lo han precedido; manifestando contra todos los hombres, pero especialmente contra nosotros los cristianos, un espíritu asesino y sumamente cruel, despiadado y astuto. Y después de perpetrar tales cosas por solo tres años y seis meses, será destruido por el glorioso segundo advenimiento desde el cielo del unigénito Hijo de Dios, nuestro Señor y Salvador Jesucristo, el verdadero Cristo, quien matará al Anticristo con el aliento de Su boca, y lo entregará al fuego del infierno"— *Cirilo de Jerusalén* (c. 313–386).

Vale la pena señalar que incluso los principales fundadores de las iglesias protestantes tras la Reforma sostenían firmemente una visión de rapto post-tribulacional. Ellos afirmaban que la Iglesia debe atravesar esta última y terrible tribulación, sin ninguna mención de un rapto secreto que rescate a parte de los fieles de antemano.

"... la obra de San Juan, el Apóstol, o de quien fuera... Dado que está destinada a ser una revelación de las cosas que han de suceder en el futuro, y especialmente de tribulaciones y calamidades para la Iglesia"— *Martín Lutero* (1483–1546).

"Aunque todas las herejías y cismas que han existido desde el principio pertenecen al reino del Anticristo, cuando Pablo predice una apostasía inminente, señala con esta descripción que ese trono de abominación será entonces erigido, cuando una defección universal se apodere de la Iglesia… esta es la indicación principal que debemos seguir en nuestra búsqueda del Anticristo, especialmente cuando tal orgullo conduce a una desolación pública de la Iglesia"— *Juan Calvino* (1509–1564).

"Mateo 24:21. Entonces habrá gran tribulación — ¿No tienen muchas de las cosas mencionadas en este capítulo, así como en Marcos 13:19 y Lucas 21:20–24, un significado más amplio y mucho más extenso que aún no se ha cumplido? Lucas 21:22. Y si aquellos días no fuesen acortados — Por la toma de Jerusalén antes de lo que se habría esperado: Nadie sería salvo — Toda la nación habría sido destruida. Pero por causa de los elegidos — Es decir, por causa de los cristianos. Lucas 21:29. Inmediatamente después de la tribulación de aquellos días — Aquí nuestro Señor comienza a hablar de Su última venida— *John Wesley* (1703–1791).

TESTIMONIO DE LOS PADRES DE LA IGLESIA QUILIASTAS

Puesto que "ninguna profecía de la Escritura es de interpretación privada" (2 Pedro 1:20), es tanto razonable como necesario examinar los escritos que han sobrevivido de la era más temprana del cristianismo—particularmente los padres de la Iglesia quiliastas. Estos hombres suelen ser algunas de las voces más confiables en asuntos de interpretación escatológica. Por "padres quiliastas" nos referimos específicamente a tres teólogos fundamentales: Justino de Roma (también conocido como Justino Mártir), Ireneo de Lyon y Tertuliano.

Estos hombres enseñaban que Cristo vendría dos veces—una vez en humillación (pasado) y otra en gloria (futuro). Este marco consistente de dos advenimientos se opone directamente a toda idea de una venida secreta o intermedia de Cristo. Por tanto, la expresión "ladrón en la noche" debe referirse a la única y futura venida pública de Cristo en gloria, ya que no hay una tercera ni secreta venida descrita en estas fuentes antiguas.

Justino de Roma escribe:

"Porque los profetas han anunciado dos advenimientos suyos: uno, el que ya ha ocurrido, cuando vino como un hombre deshonrado y sufriente; pero el segundo, cuando, conforme a la profecía, vendrá del cielo con gloria, acompañado por Su hueste angélica, y entonces también resucitará los cuerpos de todos los hombres que hayan vivido, y revestirá con inmortalidad los de los dignos, y enviará los de los malvados, dotados de sensibilidad eterna, al fuego eterno junto con los demonios malvados. Y que estas cosas también han sido profetizadas como futuras, lo probaremos".

Ireneo de Lyon concuerda:

"... y no reconocen el advenimiento de Cristo, que Él cumplió para la salvación de los hombres, ni están dispuestos a entender que todos los profetas anunciaron Sus dos advenimientos: el uno, ciertamente, en el que se hizo hombre, sujeto a azotes y conociendo lo que es llevar enfermedades (Isaías 53:3)... pero el segundo, en el que vendrá sobre las nubes (Daniel 7:13), trayendo el día que arde como un horno (Malaquías 4:1), y golpeando la tierra con la palabra de Su boca (Isaías 11:4), y matando a los impíos con el aliento de Sus labios, y teniendo el aventador en Sus manos, y limpiando Su era, y recogiendo el trigo en Su granero, pero quemando la paja con fuego que no se apaga (Mateo 3:12; Lucas 3:17)".

Los escritos de Tertuliano van un paso más allá al utilizar explícitamente la expresión "ladrón en la noche" en referencia a la segunda venida de Cristo. Su cita, que será examinada en la próxima sección, afirma que esta expresión no se aplicaba a ninguna venida secreta, sino a la venida pública y gloriosa del Señor en juicio.

LA EXPRESIÓN "LADRÓN EN LA NOCHE"

Cuando los versículos bíblicos relevantes se leen literalmente, observamos que la frase "vengo como ladrón" se declara después de que el sexto ángel ha derramado su copa de la ira de Dios. Este momento específico deja en claro que la venida como "ladrón en la noche" no ha ocurrido hasta ese punto, lo que significa que sucede muy tarde—cerca del fin del reinado del anticristo. Esta lectura respalda la postura del rapto post-tribulacional. Los estudiosos pre-tribulacionales, sin embargo, intentan interpretar la frase del ladrón de forma simbólica. Algunos afirman que se refiere solo al Armagedón, mientras que otros sugieren que habla de la inconsciencia espiritual de los incrédulos después de que el rapto ya habría ocurrido.

La Escritura dice:

"Fue el primero, y derramó su copa sobre la tierra, y vino una úlcera maligna y pestilente sobre los hombres que tenían la marca de la bestia, y que adoraban su imagen ... El sexto ángel derramó su copa sobre el gran río Éufrates; y el agua de este se secó, para que estuviese preparado el camino a los reyes del oriente. Y vi salir de la boca del dragón, y de la boca de la bestia, y de la boca del falso profeta, tres espíritus inmundos a manera de ranas; pues son espíritus de demonios, que hacen señales, y van a los reyes de la tierra en todo el mundo, para reunirlos a la batalla de aquel gran día del Dios Todopoderoso. He aquí, yo vengo como ladrón. Bienaventurado el que vela, y guarda sus ropas, para que no ande desnudo, y vean su vergüenza. Y los reunió en el lugar que en hebreo se llama Armagedón" (Apocalipsis 16:2, 12–16).

El problema con la interpretación alegórica pretribulacional es que esta referencia al ladrón describe directamente a un grupo bienaventurado: aquellos que velan y guardan sus vestiduras. Esto no puede referirse a los incrédulos, quienes por definición no están "velando". Y si los fieles que velan ya hubieran sido arrebatados anteriormente, ¿por qué Cristo sigue dando la orden de velar en esta etapa tan avanzada, justo antes del Armagedón?

Además, si la frase *"ladrón en la noche"* se aplica tanto a una supuesta venida secreta como a un evento público, entonces deja de tener el carácter distintivo que se le atribuye. La interpretación pretribulacional se derrumba bajo su propia lógica. Toda la defensa del rapto secreto se basa en que la imagen del "ladrón" se refiere únicamente a algo inesperado e invisible. Sin embargo, el mismo Cristo pronuncia esta frase después de la sexta copa, lo cual la hace todo menos secreta o temprana.

Apocalipsis 13 establece que la marca de la bestia y la autoridad de la bestia por cuarenta y dos meses ocurren **antes** de que se pronuncie esta declaración del ladrón. Por lo tanto, la teoría del rapto secreto pre o mediotribulacional queda sin fundamento, ya que la advertencia de Cristo ocurre claramente **después** del surgimiento y reinado del anticristo final.

> "Vi una de sus cabezas como herida de muerte, pero su herida mortal fue sanada; y se maravilló toda la tierra en pos de la bestia, y adoraron al dragón que había dado autoridad a la bestia, y adoraron a la bestia, diciendo: ¿Quién como la bestia, y quién podrá luchar contra ella? También se le dio boca que hablaba grandes cosas y blasfemias; y se le dio autoridad para actuar cuarenta y dos meses... Y hacía que a todos, pequeños y grandes, ricos y pobres, libres y esclavos, se les pusiese una marca en la mano derecha, o en la frente; y que ninguno pudiese comprar ni vender, sino el que tuviese la marca o el nombre de la bestia, o el número de su nombre. Aquí hay sabiduría. El que tiene entendimiento, cuente el número de la bestia, pues es número de hombre. Y su número es seiscientos sesenta y seis" (Apocalipsis 13:3–5, 16–18).

Los estudiosos post-tribulacionales también interpretan todas las referencias a *"ladrón en la noche"* en el Nuevo Testamento como apuntando a la misma segunda venida de Cristo. Aun cuando se enfatiza la inminencia—como en el hecho de no saber el día ni la hora exactos—esto no exige múltiples venidas. Simplemente significa que los creyentes deben permanecer vigilantes durante la tribulación, sabiendo que la liberación vendrá de forma repentina, pero después de la gran aflicción.

Jesús dijo:

> "Pero del día y la hora nadie sabe, ni aun los ángeles de los cielos, sino solo mi Padre. Mas como en los días de Noé, así será la venida del Hijo del Hombre. Porque como en los días antes del diluvio estaban comiendo y bebiendo, casándose y dando en casamiento, hasta el día en que Noé entró en el arca, y no entendieron hasta que vino el diluvio y se los llevó a todos, así será también la venida del Hijo del Hombre. Entonces estarán dos en el campo; el uno será tomado, y el otro será dejado. Dos mujeres estarán moliendo en un molino; la una será tomada, y la otra será dejada. Velad, pues, porque no sabéis a qué hora ha de venir vuestro Señor. Pero sabed esto, que si el padre de familia supiese a qué hora el ladrón habría de venir, velaría, y no dejaría minar su casa. Por tanto, también vosotros estad preparados; porque el Hijo del Hombre vendrá a la hora que no penséis" (Mateo 24:36–44).

Pedro afirma este mismo significado en su epístola:

"Pero el día del Señor vendrá como ladrón en la noche; en el cual los cielos pasarán con grande estruendo, y los elementos ardiendo serán deshechos, y la tierra y las obras que en ella hay serán quemadas" (2 Pedro 3:10).

Este versículo claramente involucra **estruendo, fuego** y una **conmoción global**—no secreto ni invisibilidad. La destrucción del mundo antiguo y la preparación para el reinado milenial de Cristo encajan con la cronología quiliasta. Zacarías confirma que aún existirán naciones mortales que serán responsables ante Dios durante la era milenial:

"Y todos los que sobrevivieren de las naciones que vinieron contra Jerusalén, subirán de año en año para adorar al Rey, a Jehová de los ejércitos, y a celebrar la fiesta de los tabernáculos… Y si la familia de Egipto no subiere y no viniere, sobre ellos no habrá lluvia… Esta será la pena… de todas las naciones que no subieren para celebrar la fiesta de los tabernáculos" (Zacarías 14:16–19).

Incluso el mensaje de Cristo a Sardis incluye el lenguaje del "ladrón" como una advertencia dirigida a **creyentes**, no a incrédulos:

"Sé vigilante, y afirma las otras cosas que están para morir… no he hallado tus obras perfectas delante de Dios… si no velas, vendré sobre ti como ladrón, y no sabrás a qué hora vendré sobre ti" (Apocalipsis 3:2–3)).

Esta represión claramente no se refiere a una venida literal de Cristo a Sardis en el siglo I, sino más bien a una advertencia figurada sobre la necesidad de preparación espiritual. No obstante, refuerza el tema constante: la venida de Cristo será repentina, y solo aquellos que estén **velando** y permaneciendo fieles estarán preparados.

Tertuliano, una fuente primaria entre los padres quiliastas, también vincula todo el lenguaje del "ladrón" con la venida **pública** y gloriosa de Cristo, después de que el anticristo sea revelado:

"Porque vosotros sabéis perfectamente que el día del Señor vendrá así como ladrón en la noche… porque no vendrá sin que antes venga la apostasía… y se manifieste el hombre de pecado… Y entonces se manifestará aquel inicuo, a quien el Señor matará con el espíritu de su boca, y destruirá con el resplandor de su venida; inicuo cuyo advenimiento es por obra de Satanás" (1 Tesalonicenses 5:1–3; 2 Tesalonicenses 2:1–10, citado por Tertuliano).

No hay aquí ninguna bifurcación entre un rapto secreto y un retorno público. Tertuliano trata estas profecías como **un solo evento**, en coherencia con lo enseñado por los demás padres de la Iglesia primitiva.

CONCLUSION

No existe prueba histórica ni teológica, proveniente de los padres de la Iglesia quiliastas, que respalde una venida secreta de Cristo antes de la tribulación. Ninguna cita vincula la expresión *"ladrón en la noche"* con un rapto oculto. Por el contrario, todas esas referencias se alinean consistentemente con una **única segunda venida, visible y post-tribulacional**, posterior al surgimiento y al terror del anticristo final.

Incluso 1 Tesalonicenses 4:17, pasaje citado frecuentemente para apoyar el rapto pretribulacional, fue entendido por los cristianos primitivos como parte de esa misma venida pública. Ningún escritor antiguo separa la "reunión" de los santos de la destrucción del anticristo.

La visión post-tribulacional, por tanto, se sostiene no solo sobre un fundamento bíblico sólido, sino también sobre el testimonio unánime de la Iglesia primitiva. La frase *"ladrón en la noche"*, correctamente interpretada dentro de su contexto bíblico y confirmada por el testimonio histórico de los padres, apunta únicamente a una gloriosa y culminante venida de Cristo, visible para todos y que ocurre después de la gran tribulación.

CAPÍTULO 6 La Posibilidad de Salvación Para los no Elegidos: Salvos A Través del Fuego

SALVOS POR FUEGO

Examinemos 1 Corintios 3:15. Los protestantes generalmente interpretan la frase "salvo como por fuego" como una referencia a un creyente que atraviesa **pruebas ardientes** en esta vida, pero que finalmente es salvo antes de morir. Esta interpretación se limita a la experiencia del cristiano en vida, y suele entenderse como una metáfora del examen de la fe y las obras. Los católicos romanos, en cambio, entienden este pasaje a la luz de su doctrina del purgatorio, aplicándolo a un catecúmeno imperfecto que es purificado después de la muerte antes de entrar en el cielo.

Una tercera interpretación surge al considerar la posibilidad de salvación para los no elegidos. Desde esta perspectiva, 1 Corintios 3:15 podría referirse a alguien que no se identifica como cristiano. La distinción se vuelve clara al comparar este versículo con el versículo 14: «Si permanece la obra de alguno que sobreedificó, recibirá recompensa». Un cristiano con fe viva produce obras vivas y, por tanto, es recompensado con la herencia (Colosenses 3:24), en concordancia con la promesa del versículo 14. En cambio, el versículo 15 declara explícitamente que esta persona "sufrirá pérdida", una expresión que claramente implica la ausencia de recompensa, aunque la salvación aún le es concedida.

Si ambos versículos—el 14 y el 15—describieran al mismo tipo de creyente con el mismo resultado, entonces no habría ningún contraste real entre ellos. Sin embargo, el texto resalta ese contraste como algo central. El individuo del versículo 15 es salvo **"aunque, así como por fuego"**, lo que indica un proceso de salvación distinto al de la salvación con recompensa del cristiano fiel.

ESPERANZA MÁS ALLÁ DE LOS ELEGIDOS

Cuando se correlaciona con la Parábola del Sembrador (Mateo 13:8, 23), la buena tierra se refiere a los cristianos que producen una cosecha de treinta, sesenta o incluso ciento por uno. Esto apunta a una productividad espiritual que es recompensada en el cielo. Sería inconsistente asociar al individuo **"salvo como por fuego"**—que no recibe recompensa—con aquellos que producen incluso el fruto mínimo de treinta veces. Tal persona puede no enfrentar el juicio post mortem como los impíos, pero su salvación ocurre a través del fuego y está desprovista de recompensa, lo cual señala una categoría distinta.

Esto plantea una pregunta crítica: Si no se trata de un elegido, ¿qué tipo de salvación es esta?

La respuesta puede hallarse al comprender la distinción entre los elegidos y los no elegidos. Los elegidos reciben cuerpos de resurrección celestiales, aptos para entrar en el cielo mismo. Los no elegidos, en cambio, podrían ser resucitados con cuerpos terrenales (1 Corintios 15:40), que también poseen gloria, pero de una clase inferior—quizás adecuados solamente para la tierra renovada.

Esta interpretación está en armonía con Apocalipsis 21. En ese capítulo, la esposa—claramente símbolo de los elegidos—desciende del cielo (Apocalipsis 21:2, 9–10). Las naciones de los salvos se mencionan por separado (Apocalipsis 21:24), lo que implica una distinción. Esto ocurre después de que el libro de la vida ya ha sido revelado (Apocalipsis 21:27), lo que indica que el juicio ante el gran trono blanco (Apocalipsis 20:11–15) ya ha pasado. Si algunas de las naciones salvas no están incluidas entre la esposa, entonces deben constituir otra clase de redimidos: los no elegidos.

Todos los cristianos son identificados en la Escritura como reyes y sacerdotes (Apocalipsis 1:6; 5:10), y los padres de la Iglesia primitiva afirman esta interpretación. Por lo tanto, la esposa debe estar compuesta por aquellos que cumplen este rol real y sacerdotal. Apocalipsis 21:24 dice: «Y los reyes de la tierra traerán su gloria y honor a ella». Si estos reyes son la esposa, entonces aquellos sobre quienes reinan—estas naciones de los salvos—podrían representar a los no elegidos. Estas naciones tienen permitido habitar en la nueva tierra, pero no necesariamente entrar en el nivel más bajo del cielo que se conecta con ella (Apocalipsis 21:1–2, 10).

Los que no se hallaron escritos en el libro de la vida fueron lanzados al lago de fuego (Apocalipsis 20:15). Sin embargo, 1 Corintios 3:15 abre la posibilidad de que algunos puedan ser "salvos como por fuego" después de haber sido lanzados a este castigo final. Esto sugiere dos clases distintas entre los condenados: aquellos que sufren la segunda muerte de forma permanente, y aquellos que, aunque son heridos por ella, son finalmente restaurados. Esto podría explicar por qué algunos de las naciones salvas necesitan las hojas del árbol de la vida para sanidad (Apocalipsis 22:2): han sido dañados por el fuego, pero no completamente destruidos.

Quizá este proceso de sanidad sea la única forma en que sus cuerpos terrenales puedan recibir vida sustentadora de parte de Cristo, así como los elegidos serán resucitados para reinar durante mil años en carne humana durante el reinado milenial (Apocalipsis 20:4–6). En Génesis, Dios impidió el acceso al árbol de la vida en estado caído (Génesis 3:22–24), para que el hombre no viviera eternamente en pecado. En contraste, después del juicio, el acceso al árbol es concedido a los que están inscritos en el libro de la vida—pero algunos requieren sus propiedades sanadoras, lo cual implica daño previo o alguna limitación, posiblemente coherente con el ser "salvos como por fuego".

Solo los elegidos experimentan un cambio de naturaleza humana (terrenal) a angelical (celestial) al final del milenio. Como declara Pablo: «La carne y la sangre no pueden heredar el reino de Dios» (1 Corintios 15:50–52). Esta transformación culmina en la unión del cristiano con Cristo en las bodas del Cordero (Apocalipsis 19:7–9), donde llegan a ser verdaderamente "una sola carne" con Él en la gloria de la resurrección.

Esta verdad fue afirmada por la Iglesia primitiva. Ireneo de Lyon y Tertuliano testifican que los creyentes deben primero vivir sus recompensas en el reino milenial—aún en carne mortal—antes de pasar por la transformación a la inmortalidad. El cuerpo del cristiano es recompensado en la tierra renovada, con placeres sin pecado y herencia plena, antes de ser glorificado en un cuerpo "ya no de carne y sangre".

En cambio, los no elegidos, habiendo pasado por el fuego, podrían recibir vida en la nueva tierra, sanados, pero no transformados a la imagen celestial. Participan de la misericordia de Dios, pero no de la herencia completa.

EL PASTOR DE HERMAS

¿Mantenían los cristianos primitivos una distinción entre la salvación de los elegidos y la salvación de los no elegidos tal como se plantea aquí? Uno de los ejemplos más claros que sugiere tal marco se encuentra en *El Pastor de Hermas*, un texto cristiano que fue ampliamente leído y considerado por algunas iglesias primitivas como Escritura o casi Escritura. Este escrito ofrece una de las ilustraciones más tempranas de lo que podría describirse como una

ESPERANZA MÁS ALLÁ DE LOS ELEGIDOS

salvación de los elegidos (simbolizada por la torre), en contraste con una forma separada y más inferior de salvación *después del juicio* (fuera de la torre).

En *El Pastor*, la metáfora de la torre representa a la Iglesia de los elegidos. Aquellos que forman parte de esta torre son descritos como piedras, cuidadosamente seleccionadas y colocadas con perfección. Esta imagen aparece en el siguiente pasaje:

> "Muchos oirán ciertamente, y al oír, unos se alegrarán y otros llorarán. Pero aun estos, si oyen y se arrepienten, también se regocijarán. Escucha, pues, las parábolas de la torre... La torre que ves siendo edificada soy yo misma, la Iglesia, que se te ha aparecido ahora y en la ocasión anterior. Pregunta, entonces, lo que quieras respecto de la torre, y te lo revelaré, para que te regocijes con los santos".

Esta interpretación de los **elegidos como piedras** en la torre fue posteriormente confirmada por Ireneo, lo que indica que esta lectura formaba parte del consenso cristiano primitivo. Sin embargo, *El Pastor* va aún más allá, al presentar un grupo de personas que, aunque inicialmente son rechazadas por no ser aptas para la torre, sin embargo, son finalmente salvadas, pero solo después del juicio y el tormento. Esto parece indicar una categoría de salvación distinta de la de los elegidos, posiblemente en línea con la salvación de los no elegidos mencionada en 1 Corintios 3:15.

El pasaje relevante dice así:

> «¿Quieres saber quiénes son los otros que cayeron cerca de las aguas, pero no pudieron ser rodados dentro de ellas? Son aquellos que han oído la palabra y desean ser bautizados en el nombre del Señor; pero cuando les viene a la memoria la castidad que exige la verdad, se echan atrás y vuelven a andar tras sus propios deseos malvados. Ella terminó su exposición de la torre. Pero yo, tan descarado como aún era, le pregunté: "¿Es posible el arrepentimiento para todas aquellas piedras que han sido desechadas y no encajaron en la edificación de la torre? ¿Y tendrán aún un lugar en esta torre?" El arrepentimiento —dijo ella— todavía es posible, pero en esta torre no podrán hallar un lugar adecuado. Sino que serán colocados en otro lugar mucho más inferior, y eso también solo después de haber sido atormentados y cumplido los días de sus pecados. Y serán trasladados por esta razón: porque han participado de la Palabra justa. Y solo entonces serán librados de sus castigos, cuando entre en sus corazones el pensamiento de arrepentirse de las malas obras que han hecho.

Pero si ese pensamiento no entra en sus corazones, no serán salvos, a causa de la dureza de su corazón".

En el catolicismo romano, el purgatorio se considera una cámara de castigo purificador para aquellos **destinados al cielo**—es decir, aún dentro de la esfera de los elegidos. Pero *El Pastor de Hermas* deja en claro que estas piedras rechazadas "**serán colocadas**" en un lugar "**mucho más inferior**", **que no es la torre**. Esto parece implicar **una ubicación completamente distinta**, y no simplemente un nivel inferior dentro de la morada eterna de los elegidos.

En comparación, la torre—como símbolo de los elegidos—puede entenderse como una representación del **nuevo cielo final**. En contraste, el lugar inferior asignado a aquellos que son juzgados y purificados posteriormente podría corresponder a la **nueva tierra**, donde las **naciones son salvas**, pero permanecen claramente **fuera de la ciudad celestial** (Apocalipsis 21:24, 27). A estos de afuera **no se les permite entrar** en la Jerusalén celestial, donde se dice de los elegidos: "**y nunca más saldrá de allí**" (Apocalipsis 3:12). Este lenguaje subraya una **residencia permanente en el cielo** para los elegidos, distinguiéndolos de otros salvados.

Esta visión también se alinea con un fragmento conservado por **Papías**, un antiguo maestro del quiliasticismo, quien articuló una visión escalonada de la recompensa eterna. Su cita afirma una distinción entre tres grupos de personas salvas:

> "Como dicen los presbíteros, aquellos que sean considerados dignos de una morada en los cielos, allí irán; otros disfrutarán de las delicias del Paraíso; y otros poseerán el esplendor de la ciudad. Porque en todas partes el Salvador será visto, según sean dignos quienes lo vean. Pero existe esta distinción entre la morada de los que producen al ciento por uno, la de los que producen al sesenta por uno, y la de los que producen al treinta por uno: los primeros serán llevados a los cielos, el segundo grupo morará en el Paraíso, y el último habitará en la ciudad".

En este marco, las tres categorías están salvas, y, sin embargo, solo los más fieles alcanzan los cielos. El resto permanece ya sea en el Paraíso o en la ciudad—quizá correspondiendo a distintos niveles de recompensa e intimidad con Cristo. Es significativo que las tres sean descritas como categorías cristianas en este pasaje, lo cual refuerza la idea de que la recompensa está ligada a la fructificación (Mateo 13:8).

Un apoyo adicional para esta interpretación lo proporciona Ireneo, quien afirma una estructura similar de moradas finales en niveles. Él extrae directamente de Isaías y otras profecías del Antiguo Testamento para confirmar una distinción duradera entre los reinos celestial y terrenal después de la nueva creación. Su cita dice:

> "Pero cuando esta [presente] condición [de las cosas] haya pasado, y el hombre haya sido renovado y florezca en un estado incorruptible, de modo que se excluya la posibilidad de envejecer, entonces habrá un nuevo cielo y una nueva tierra, en los cuales el hombre nuevo permanecerá [continuamente], siempre manteniendo un diálogo renovado con Dios. Y como dicen los presbíteros: Entonces, los que sean considerados dignos de una morada en los cielos, allí irán; otros disfrutarán de las delicias del paraíso, y otros poseerán el esplendor de la ciudad; porque en todas partes el Salvador será visto, según la dignidad de quienes lo vean".

Aunque **Ireneo** afirma que todas estas categorías forman parte de la creación renovada, su manera de expresarse sugiere que solo los dignos entran en los reinos celestiales. Por implicación, aquellos que, aunque salvos, no son considerados dignos, podrían quedar confinados al dominio terrenal. Esto, una vez más, se alinea con la imagen presentada en *El Pastor*, donde se menciona a quienes, después del juicio y del castigo, son colocados en un lugar inferior, y no entre las piedras de la torre.

La convergencia de estas fuentes—*El Pastor de Hermas*, **Papías** e **Ireneo**—indica con fuerza que los cristianos primitivos pudieron haber entendido la salvación como multifacética, distinguiendo entre una salvación de los elegidos asociada a los cielos, y una posible salvación de los no elegidos, fuera de la estructura de los elegidos, potencialmente ubicada en la nueva tierra.

CONCLUSIÓN

La salvación de los no elegidos puede referirse a aquellos que son distintos de los "pocos" que alcanzan la salvación de los elegidos. Los elegidos se convierten en la esposa de Cristo y heredan el mismo cielo, tal como se prometió a los vencedores. En contraste, la salvación de los no elegidos hace referencia a aquellos cuya morada final no está en el cielo, sino en la tierra renovada. Estas personas son salvas no por méritos personales ni por una fe previa, sino por el rescate de Cristo por "muchos", habiendo posiblemente llegado a la fe después de verlo en el mundo espiritual.

Este marco puede ayudar a iluminar la estructura del penúltimo capítulo de la Biblia, el cual parece distinguir tres categorías de personas:

i) **Los vencedores / Cristianos / Salvación de los elegidos** – Son aquellos con fe que heredan todas las cosas:

"El que venciere heredará todas las cosas, y yo seré su Dios, y él será mi hijo" (Apocalipsis 21:7).

ii) **Los sedientos / No cristianos / Salvación de los no elegidos** – Son aquellos sin fe ni recompensa, que son salvos por la misericordia de Dios mediante el fuego:

"Al que tuviere sed, yo le daré gratuitamente de la fuente del agua de la vida" (Apocalipsis 21:6).

iii) **Los condenados / No cristianos no salvos / Los impíos** – Son los condenados eternamente:

"Pero los cobardes e incrédulos, los abominables y homicidas, los fornicarios y hechiceros, los idólatras y todos los mentirosos tendrán su parte en el lago que arde con fuego y azufre, que es la muerte segunda" (Apocalipsis 21:8).

El capítulo final del Apocalipsis también podría reflejar estas distinciones triples:

i) **Salvación de los elegidos – La Esposa** – Aquellos que participaron en las bodas del Cordero y en la primera resurrección (cf. Mateo 25:1–13):

"Y el Espíritu y la Esposa dicen: Ven" (Apocalipsis 22:17).

ii) **Salvación de los no elegidos – Israel (los siervos)** – Aquellos que sirven delante del trono, posiblemente en referencia a israelitas fieles (cf. Mateo 25:14–30):

"Y no habrá más maldición; y el trono de Dios y del Cordero estará en ella, y sus siervos le servirán, y verán su rostro, y su nombre estará en sus frentes" (Apocalipsis 22:3–4).

iii) **Salvación de los no elegidos – Gentiles (los sedientos)** – Aquellos de entre las naciones que son salvos, no como parte de la Esposa, sino por la oferta gratuita del agua de la vida (cf. Mateo 25:31–46):

"Y el que tiene sed, venga; y el que quiera, tome del agua de la vida gratuitamente" (Apocalipsis 22:17).

ESPERANZA MÁS ALLÁ DE LOS ELEGIDOS

La idea académica de la salvación de los no elegidos es relativamente reciente, basada en la investigación teológica más que en una doctrina establecida. No pretende ofrecer certeza, y por lo tanto debe abordarse con cautela académica. Sin embargo, este marco interpretativo se alinea literalmente con diversos textos bíblicos. Por lo tanto, merece una consideración teológica honesta—no como dogma, sino como una posibilidad válida, coherente con una lectura llana de las Escrituras.

CAPÍTULO 7 Profecía de las 5 Vírgenes Prudentes y las 5 Insensatas en el Quiliasmo

INTRODUCCIÓN

La parábola de las cinco vírgenes prudentes y las cinco insensatas, pronunciada por nuestro Señor Jesucristo (Mateo 25:1–13), es importante porque se refiere directamente a la salvación de los elegidos y al privilegio de participar en las bodas del Cordero. A lo largo del cristianismo antiguo y de los siglos posteriores, esta parábola ha sido entendida como una referencia a aquellos que no solo creen en Cristo, sino que también practican buenas obras. Esta interpretación se encuentra afirmada en los credos formales y las enseñanzas tanto de la Iglesia Católica como de la Iglesia Ortodoxa.

El consenso compartido entre las distintas tradiciones es que "es importante observar que todo este discurso se centra en practicar y guardar aquello que ha sido mandado por Jesús." Sin embargo, cada iglesia o denominación varía en cuanto a cuáles son los mandamientos de Cristo que considera necesarios para la salvación.

Durante la Reforma, esta idea fundamental se mantuvo, pero con un énfasis mayor en la doctrina correcta y en la fidelidad a las Escrituras como autoridad suprema. Este enfoque suele resumirse en lo que llegó a conocerse como las Cinco Solas: *sola Scriptura* (solo la Escritura), *solus Christus* (solo Cristo), *sola fide* (solo la fe), *sola gratia* (solo la gracia) y *soli Deo gloria* (solo a Dios la gloria). Estos principios se volvieron centrales en el esfuerzo de la tradición reformada por alinear las enseñanzas de los padres de la iglesia con una lectura llana de las Escrituras.

Los reformadores también sostuvieron firmemente que las iglesias Católica y Ortodoxa estaban en error y, en algunos casos, incluso no eran salvas, debido a sus doctrinas y prácticas extrabíblicas—como la veneración o invocación de María y los santos, y su visión de que la justificación implica obras sacramentales. En respuesta, las iglesias Católica y Ortodoxa anatematizaron a los reformadores y protestantes, afirmando que sus desviaciones doctrinales los separaban de la verdadera iglesia.

A comienzos del siglo XX, surgió un nuevo movimiento religioso llamado el avivamiento pentecostal, que afirmaba ser la verdadera iglesia de los últimos tiempos. De manera destacada, líderes pentecostales como William Seymour (1870–1922) promovieron una interpretación novedosa de la parábola de las vírgenes prudentes e insensatas. Según esta visión, las vírgenes prudentes son los pentecostales que han recibido una doble porción del Espíritu Santo, evidenciada por el hablar en lenguas. Este sistema de creencias comenzó durante el Avivamiento de la Calle Azusa, donde se enseñaba que la glosolalia en un lenguaje no humano era la prueba bíblica de poseer el Espíritu. Aquellos que no hablaban en lenguas eran considerados como carentes del Espíritu y, por lo tanto, no preparados para el regreso de Cristo. Argumentaban que solo tales pentecostales serían arrebatados en secreto antes de la gran tribulación bajo el anticristo final.

El problema fundamental con esta visión es que no existe ningún registro de tal enseñanza durante los primeros 1900 años de la historia del cristianismo. Los post-tribulacionistas suelen señalar este hecho, destacando que ningún padre de la iglesia ni documento cristiano antiguo establece esta conexión entre el hablar en lenguas y la parábola de las vírgenes. La novedad de esta interpretación contrasta con la continuidad de la exégesis cristiana histórica, especialmente dentro del marco del quiliasmo.

LOS REFORMADORES

Martín Lutero (1483–1546), fundador de las iglesias luteranas, enseñó que la frase "cinco eran prudentes y cinco insensatas" se aplica a todos los cristianos, a quienes Cristo llama colectivamente "vírgenes." Él enfatizaba que la verdadera fe incluye tanto la creencia interior como la práctica exterior, especialmente evidenciada en actos de misericordia hacia el prójimo. Las insensatas, en cambio, profesan fe, pero permanecen sin cambios en su carácter y comportamiento—siguen siendo codiciosas, faltas de compasión y egoístas.

Él escribe:

«Ahora presten atención: esta parábola habla del tiempo justo antes del Juicio Final de Dios, y por lo tanto se aplica a todos los cristianos. Porque muchos de ellos —la mayoría— se desviarán, algunos hacia una fe imaginaria, y otros hacia la verdadera fe. … Para ampliar más sobre el Evangelio, noten que las lámparas están destinadas a representar algo exterior y una práctica corporal. Pero las lámparas junto con el aceite representan los tesoros interiores con la verdadera fe. … Cinco son prudentes, cinco insensatas. Aquí

Él llama "vírgenes" a todos los cristianos. ... Mateo escribe (7:22), diciendo: "¡Señor, Señor!" La boca está ahí, pero el corazón está lejos (Mateo 15:8). No hay aceite en la lámpara, es decir, no hay fe en el corazón. No lo consideran. De hecho, no lo conocen y se imaginan que sus lámparas están listas. Su naturaleza es tal que con gusto escuchan la predicación sobre la fe, y si han oído la Palabra, se inventan y fabrican un pensamiento, una ilusión en el corazón que consideran aceite, y sin embargo siguen siendo los mismos que antes en su comportamiento. Siguiendo sus antiguos caminos, son tan iracundos como antes, tan codiciosos, tan faltos de misericordia con los pobres, tan descorteses, etc. ... Por lo tanto, que cada uno se asegure de tener ambas cosas: el aceite, que es la verdadera fe y confianza en Cristo; y las lámparas, el recipiente, que es el servicio exterior hacia el prójimo. Toda la vida cristiana consiste en estas dos cosas: Cree en Dios. Ayuda a tu prójimo. Todo el Evangelio enseña esto. Los padres deben enseñarlo a sus hijos en casa y en todas partes. Y los hijos, a su vez, deben fomentar constantemente esta Palabra entre ellos».

Juan Calvino (1509–1564), fundador de las iglesias reformadas y homónimo del calvinismo, ofreció una interpretación similar. Explicó que la parábola representa la verdadera fe como aquella que da fruto en la caridad, la cual definía como la ayuda mutua entre los creyentes. Esta cooperación surge de los diversos dones que Dios ha distribuido entre Su pueblo, para ser utilizados en beneficio de toda la iglesia.

Él escribe:

«Pero yo lo interpreto de manera más sencilla, como una referencia a las ocupaciones terrenales en las que los creyentes deben estar comprometidos mientras habiten en el cuerpo; y, aunque nunca debería apoderarse de ellos el olvido del Reino de Dios, la influencia absorbente de las ocupaciones de este mundo no se compara inapropiadamente con el sueño. Porque no pueden estar ocupados de manera constante con el pensamiento de encontrarse con Cristo, sin ser distraídos, retardados o enredados por una variedad de preocupaciones, a causa de las cuales, aunque velen, están en parte dormidos... No sea que no haya suficiente para nosotras y para vosotras. Sabemos que el Señor distribuye Sus dones de manera tan variada a cada uno, conforme a su medida, con el propósito de que se brinden ayuda mutua unos a otros, y empleen para el bien general lo que ha sido confiado a cada individuo; y que, de esta manera, se conserva la conexión sagrada que existe entre los miembros de la Iglesia. [...] No hay otra forma de obtenerlo, por lo tanto, sino recibir por la fe lo que se nos ofrece».

John Wesley (1703–1791), principal fundador de las iglesias metodistas, resumió la lámpara como la fe y el aceite como el amor—viendo así su combinación como "la fe que obra por el amor." Su énfasis no estaba meramente en la creencia doctrinal, sino en la aplicación de la fe mediante obras impulsadas por el amor.

Él escribe:

"« Entonces el Reino de los cielos—es decir, los candidatos a él—será semejante a diez vírgenes. En la noche de bodas, las damas de compañía solían ir a la casa donde se encontraba la novia, con lámparas o antorchas encendidas en las manos, para esperar la llegada del esposo. Cuando él se acercaba, salían a su encuentro con las lámparas, y lo conducían hasta la novia. Las insensatas no llevaron aceite consigo—nada más que lo suficiente para mantener sus lámparas encendidas por el momento. No llevaban nada que supliera su necesidad futura, nada que renovara el desgaste de la lámpara. La lámpara es la fe. Una lámpara con aceite es la fe que obra por el amor. Las prudentes llevaron aceite en sus vasijas—amor en sus corazones. Y cada día buscaban un suministro fresco de fuerza espiritual, hasta que su fe fue perfeccionada»._

Wesley enfatizó fuertemente la práctica de la *santidad financiera*—un término adecuado para denotar la obediencia a los mandamientos de Cristo en lo que respecta al uso de las riquezas. Enseñaba que el aumento de la riqueza, sin un aumento proporcional en la generosidad, podía llevar incluso a los creyentes al juicio. Advertía que el dinero puede convertirse en una trampa si no se utiliza conforme a la doctrina de la caridad, específicamente mediante la limosna sacrificial.

Él escribe:

"«Porque los metodistas, en todo lugar, se vuelven diligentes y frugales; en consecuencia, aumentan sus bienes. De ahí que aumenten proporcionalmente en orgullo, en el deseo de la carne, el deseo de los ojos y la soberbia de la vida. Así, aunque la forma exterior de la religión permanece, el espíritu se desvanece rápidamente. ¿No hay forma de evitar esto? —¿esta decadencia constante de la religión pura? No debemos prohibir a las personas ser diligentes y frugales; debemos exhortar a todos los cristianos a ganar todo lo que puedan y ahorrar todo lo que puedan: ¡esto equivale, en efecto, a enriquecerse! ¿Qué camino podemos tomar, entonces, para que nuestro dinero no nos hunda hasta el más profundo infierno? Hay un camino, y no hay otro bajo el cielo. Si aquellos que ganan todo lo que pueden y ahorran todo lo que pueden, también dan todo lo que pueden, entonces, mientras más ganen, más crecerán en gracia, y más tesoro acumularán en el cielo».

Esta visión refleja la enseñanza de los padres de la iglesia quiliasta que se presenta a continuación: que la religión pura debe involucrar tanto la santidad en forma de evitar el pecado como la caridad expresada en proporción a los medios de cada uno. Esta *"medida relativa"* en la ofrenda se demuestra mediante actos tangibles de amor—especialmente hacia los necesitados, comenzando por las viudas y los huérfanos, como escribe Santiago:

«La religión pura y sin mácula delante de Dios el Padre es esta: Visitar a los huérfanos y a las viudas en sus tribulaciones, y guardarse sin mancha del mundo»

Medida relativa significa que quienes no pueden dar—como los extremadamente pobres, los enfermos, o quienes ellos mismos reciben ayuda—pueden estar exentos. Lázaro es un ejemplo claro. Su pobreza lo eximía de tales obras, y tanto Ireneo como Tertuliano entendieron este relato como una referencia a una persona real.

Incluso las viudas cristianas que recibían ayuda financiera de la iglesia debían haber vivido previamente una vida conforme a la doctrina de la caridad, como criar hijos, hospedar a los forasteros y socorrer a los afligidos. Tabita es llamada explícitamente "discípula" y descrita como "llena de buenas obras y de obras de caridad".

Los hombres, como líderes, están llamados a hacer aún más. Pablo ordena a los ricos que sean "ricos en buenas obras, dadivosos, generosos" (1 Timoteo 6:18), lo cual constituye santidad financiera, y contribuye a la santificación que conduce a la vida eterna (1 Timoteo 6:19).

Así, los Reformadores—al igual que los padres de la iglesia quiliasta— afirmaron que la fe debe estar viva. Debe expresarse no solo por medio de la creencia, sino también a través de obras de amor, particularmente hacia los necesitados. Ese es el corazón de lo que Cristo elogió en las vírgenes prudentes.

SANTIDAD Y DOCTRINA DE LA CARIDAD

En primer lugar, Ireneo de Lyon (c. 130–c. 202) advirtió que aquellos que oscurecen la interpretación de las parábolas podrían no estar entre los de la salvación de los elegidos, siendo "excluidos de Su cámara nupcial." Por esta razón, es vital tomar en serio las profecías y citas doctrinales del quiliasmo. Si se introduce alguna interpretación adicional, esta debe estar respaldada por uno o más de estos tres padres principales del quiliasmo: Ireneo, Justino o Tertuliano. Y aun así, debe reconocerse con humildad que podríamos estar equivocados.

> «Y cuando venga el Esposo (Mateo 25:5, etc.), aquel que tenga su lámpara sin recortar y que no arda con el brillo de una luz constante, es contado entre los que oscurecen las interpretaciones de las parábolas, abandonando a Aquel que, por Sus claras declaraciones, otorga libremente dones a todos los que vienen a Él, y es excluido de Su cámara nupcial».

Tertuliano, al burlarse de ciertos herejes, revela que el aceite simboliza una vida santa—lo cual incluye lo que podríamos llamar *santidad financiera*, basada en la doctrina de la caridad, la cual él mismo afirma en otros escritos:

> «Él, siendo puro de pecado y en todos los aspectos santo, pudo padecer la muerte en lugar de los pecadores. De igual modo tú, que lo imitas al perdonar pecados, si tú mismo no has pecado, claramente sufres en mi lugar. Pero si eres pecador, ¿cómo podrá el aceite de tu débil antorcha ser suficiente para ti y para mí?».

Metodio de Olimpo afirmó la misma interpretación, explicando que el aceite representa la santidad y las buenas obras:

> «Mientras este pueblo almacenaba sustento para la luz, proveyendo aceite mediante sus obras, la luz de la continencia no se extinguía entre ellos, sino que resplandecía constantemente e iluminaba la porción de su herencia. Pero cuando faltó el aceite, al desviarse de la fe hacia la incontinencia, la luz se extinguió por completo, de modo que las vírgenes tuvieron que encender nuevamente sus lámparas por medio de una luz transmitida unas a otras, trayendo al mundo la luz de la incorrupción desde lo alto. Abastezcámonos, pues, ahora del aceite de las buenas obras en abundancia, y de prudencia, estando purificados de toda corrupción que pueda hacernos caer; no sea que, mientras el Esposo se tarda, nuestras lámparas también se apaguen de igual manera».

Aunque este escrito se centra en los padres de la iglesia quiliasta, otros padres de la iglesia también afirmaron esta interpretación de la lámpara y el aceite en Mateo 25 como una referencia a la fe y a las buenas obras—especialmente a las obras conforme a la doctrina de la caridad. Por ejemplo, la *Catena Aurea* sobre Mateo 25 incluye lo siguiente:

>«Quienes venden son los pobres, que, necesitando las limosnas de los fieles, les dieron la recompensa que deseaban, vendiendo, a cambio del alivio brindado a sus necesidades, una conciencia de buenas obras. Este es el combustible abundante de una luz que no se apaga, el cual puede comprarse y almacenarse por los frutos de la misericordia» – **Hilario de Poitiers (c. 310–c. 367)**.

>«El 'aceite' representa la caridad, las limosnas y toda ayuda brindada a los necesitados; las lámparas representan los dones de la virginidad; y las llama 'insensatas' porque, después de haber pasado por un trabajo mayor, lo perdieron todo por causa de uno menor; pues es más arduo vencer los deseos de la carne que el amor al dinero» – **Juan Crisóstomo (c. 347–c. 407)**.

>«Y este aceite se vende, y a un alto precio, ni se obtiene sin gran esfuerzo; de modo que lo entendemos no solo como limosnas, sino como todas las virtudes y consejos de los maestros» – **Jerónimo de Estridón (c. 342–c. 420)**.

>«En la parábola precedente se expone la condenación de aquellos que no han preparado suficiente aceite para sí mismos, ya sea que por aceite se entienda el resplandor de las buenas obras, el gozo interior de la conciencia, o las limosnas entregadas en dinero» – Glosa de la *Catena Aurea*, atribuida a **Tomás de Aquino (c. 1225–c. 1274)**.

>«Pero las prudentes tomaron aceite con sus lámparas, es decir, la alegría de las buenas obras» – **Agustín de Hipona (c. 354–c. 430)**.

«Las 'insensatas' tomaron lámparas, ciertamente encendidas al principio, pero sin suficiente aceite como para mantenerlas hasta el final, siendo negligentes en cuanto a la provisión de doctrina que consuela la fe e ilumina la lámpara de las buenas obras» – **Orígenes de Alejandría (c. 185–c. 253)**.

Tertuliano afirma que el vestido de bodas—requerido para aquellos invitados a las "bodas del Cordero", es decir, la primera resurrección—son las buenas obras. Aquellos que no lo tienen son echados fuera:

ESPERANZA MÁS ALLÁ DE LOS ELEGIDOS

> «También aquel que no esté vestido en el banquete de bodas con el ropaje de las buenas obras, tendrá que ser atado de pies y manos—ya que, por supuesto, habrá sido resucitado en su cuerpo. Así también, el mismo acto de recostarse en el banquete en el Reino de Dios, de sentarse en los tronos de Cristo, y de estar finalmente a Su derecha y a Su izquierda, y de comer del árbol de la vida: ¿qué son todas estas cosas sino pruebas sumamente claras de una designación y un destino corporal?»

Ireneo declara asimismo que el vestido de bodas representa la justicia, sobre la cual reposa el Espíritu Santo:

> «Aún más, Él también dejó manifiesto que, después de nuestro llamamiento, debemos ser adornados con obras de justicia, para que el Espíritu de Dios repose sobre nosotros; pues éste es el vestido de bodas... Pero aquellos que han sido ciertamente llamados a la cena de Dios, y sin embargo no han recibido al Espíritu Santo por causa de su conducta impía, serán —declara Él— echados a las tinieblas exteriores. ... [E]l mismo Rey que reunió desde todos los rincones a los fieles para las bodas de Su Hijo, y que les concede el banquete incorruptible, [también] ordena que sea echado a las tinieblas exteriores aquel hombre que no lleva puesto el vestido de bodas; es decir, aquel que lo desprecia. Porque así como en el primer pacto Dios no se agradó de muchos de ellos (1 Corintios 10:5), así también ocurre aquí: muchos son llamados, pero pocos escogidos (Mateo 22:14)».

Tertuliano explica además el doble significado del vestido de bodas en la Escritura: representa tanto la santidad de la carne como la gloria superior reservada para aquellos que se hacen eunucos por causa del Reino de los Cielos:

> «También tenemos en las Escrituras la mención de vestiduras que simbolizan la esperanza de la carne. Así, en el Apocalipsis de Juan se dice: Estos son los que no han contaminado sus vestiduras con mujeres—indicando, por supuesto, a los vírgenes y a quienes se han hecho eunucos por causa del Reino de los Cielos (Mateo 19:12). Por tanto, será vestido de vestiduras blancas (Apocalipsis 3:5), es decir, con la radiante hermosura de la carne no desposada. Incluso en el evangelio, el vestido de bodas puede entenderse como la santidad de la carne (Mateo 22:11–12). Y así, cuando Isaías nos habla del tipo de ayuno que el Señor ha escogido, y añade una declaración sobre la recompensa de las buenas obras, dice:

Entonces nacerá tu luz como el alba, y tus vestiduras pronto brotarán (Isaías 58:8) ... donde no se refiere a capas ni a túnicas de tela, sino al resurgir de la carne, a la cual declara resucitada después de su caída en la muerte. Así se nos provee incluso de una defensa alegórica de la resurrección del cuerpo. Cuando, pues, leemos: Anda, pueblo mío, entra en tus aposentos, cierra tras ti tus puertas; escóndete un poquito, por un momento, en tanto que pasa la indignación (Isaías 26:20), entendemos por "aposentos" las tumbas, en las cuales habrán de descansar por un breve tiempo aquellos que, al final del mundo, hayan partido de esta vida en el último furioso embate del poder del Anticristo».

Las propias palabras de Cristo vinculan directamente el significado de "lámparas encendidas" con la doctrina de la caridad, ordenando a los creyentes convertir las riquezas terrenales en tesoros celestiales por medio de la limosna. Esta doctrina es con frecuencia descuidada por los predicadores del evangelio de la prosperidad, quienes enfatizan la parte del "recibir", pero en gran medida ignoran el mandato de dar con sacrificio:

«Mas buscad el reino de Dios, y todas estas cosas os serán añadidas. No temáis, manada pequeña, porque a vuestro Padre le ha placido daros el reino. Vended lo que poseéis, y dad limosna; haceos bolsas que no se envejezcan, tesoro en los cielos que no se agote, donde ladrón no llega, ni polilla destruye. Porque donde está vuestro tesoro, allí estará también vuestro corazón. Estén ceñidos vuestros lomos, y vuestras lámparas encendidas» (Lucas 12:31–35).

El significado es claro: si uno recibe riquezas terrenales y no las utiliza para edificar tesoros en el cielo mediante actos de caridad, entonces su corazón permanece aferrado a la tierra, no al cielo. Por tanto, la doctrina de la caridad es una de las formas de mantener encendida la lámpara, tal como enseña Cristo:

«No os hagáis tesoros en la tierra, donde la polilla y el orín corrompen, y donde ladrones minan y hurtan; sino haceos tesoros en el cielo, donde ni la polilla ni el orín corrompen, y donde ladrones no minan ni hurtan. Porque donde esté vuestro tesoro, allí estará también vuestro corazón» (Mateo 6:19–21).

«Jesús le dijo: Si quieres ser perfecto, anda, vende lo que tienes, y dalo a los pobres, y tendrás tesoro en el cielo; y ven y sígueme. Oyendo el joven esta palabra, se fue triste, porque tenía muchas posesiones» (Mateo 19:21–22).

Finalmente, Metodio de Olimpo confirma una vez más que las buenas obras son necesarias para mantener nuestras lámparas encendidas, a fin de que seamos contados entre las cinco vírgenes prudentes:

> «De donde, muerto y destruido el pecado, me levantaré de nuevo inmortal; y alabo a Dios, quien por medio de la muerte libra de la muerte a Sus hijos, y celebro conforme a la ley un día de fiesta en Su honor, adornando mi tabernáculo, es decir, mi carne, con buenas obras, como lo hicieron las cinco vírgenes con las lámparas encendidas».

SOBRE EL SÁBADO Y LA LEY DE MOISÉS

i) Falsos maestros enseñaban que todos los creyentes gentiles debían guardar toda la Ley de Moisés:

> "Entonces algunos que venían de Judea enseñaban a los hermanos: Si no os circuncidáis conforme al rito de Moisés, no podéis ser salvos. ...Pero algunos de la secta de los fariseos, que habían creído, se levantaron, diciendo: Es necesario circuncidarlos, y mandarles que guarden la ley de Moisés" (Hechos 15:1, 5).

ii) Los verdaderos maestros enseñaban que los creyentes judíos y gentiles no comparten los mismos requerimientos:

> "A los hermanos de entre los gentiles que están en Antioquía, en Siria y en Cilicia ... Por cuanto hemos oído que algunos que han salido de nosotros, a los cuales no dimos orden, os han inquietado con palabras, perturbando vuestras almas, mandando circuncidaros y guardar la ley,—... Porque ha parecido bien al Espíritu Santo, y a nosotros, no imponeros ninguna carga más que estas cosas necesarias: que os abstengáis de lo sacrificado a ídolos, de sangre, de ahogado y de fornicación; de las cuales cosas si os guardareis, bien haréis. Pasadlo bien" (Hechos 15:23–29).

Nota: Como se aclara más abajo, los otros nueve mandamientos están confirmados en diversos pasajes del Nuevo Testamento; sin embargo, estas instrucciones adicionales enfatizan aspectos morales de la Ley de Moisés (como los mandatos contra la inmoralidad sexual y el consumo de sangre), los cuales también son obligatorios para los gentiles. Estos mandamientos morales incluyen prohibiciones contra las prácticas homosexuales (Levítico 18:22) y la prostitución (Levítico 19:29), que no forman parte de los Diez Mandamientos, pero que son reiterados aquí como vinculantes.

Pasemos ahora a desglosar los versículos relevantes:

1. **El problema:** "A ti, que enseñas a todos los judíos que están entre los gentiles a apostatar de Moisés" (Hechos 21:21).

2. **La resolución:** "Sino que tú también andas ordenadamente, guardando la ley" (Hechos 21:24).

3. **La interpretación:** Los cristianos judíos pueden observar aquellas partes no ceremoniales de la Torá que no estén en conflicto con la obra expiatoria de Cristo. Por ejemplo, los cristianos judíos no pueden ofrecer sacrificios de animales, ya que Cristo ha cumplido ese requerimiento.

4. **La distinción:** A los cristianos gentiles no se les exige guardar las mismas observancias que a los cristianos judíos. Como está escrito: "Pero en cuanto a los gentiles que han creído, nosotros les hemos escrito determinando que no guarden nada de esto" (Hechos 21:25).

5. **La aplicación:** Pablo, siendo judío, puede guardar el sábado bajo el principio expresado en Hechos 21:24. Otros creyentes judíos pueden hacer lo mismo.

6. **La aclaración:** De los Diez Mandamientos, nueve son reiterados en el Nuevo Testamento para los creyentes gentiles. El mandamiento del sábado no lo es. En su lugar, Pablo elimina explícitamente la observancia del sábado como obligación vinculante en Colosenses 2:16.

Colosenses 2:16 enseña claramente que la observancia del sábado no es obligatoria para los creyentes gentiles:

"Por tanto, nadie os juzgue en comida o en bebida, o en cuanto a días de fiesta, luna nueva o días de reposo".

Si Pablo hubiera querido que los cristianos gentiles observaran el sábado, bien podría haber escrito simplemente: "Guardad el sábado". En cambio, la frase "nadie os juzgue" respalda firmemente la libertad de no observarlo. A fin de cuentas, solo quienes guardan el sábado sienten la necesidad de juzgar a quienes no lo hacen.

El "reposo" del que se habla en Hebreos 4 no se refiere a la observancia semanal del sábado, sino que utiliza el "séptimo día" como una imagen profética del reinado milenial de Cristo—una verdad que es afirmada por Ireneo, quien sitúa ese cumplimiento en la Segunda Venida de Cristo y la Primera Resurrección. Él se refiere a esto como "los tiempos del Reino", los cuales ocurren después del regreso de Cristo, no antes.

ESPERANZA MÁS ALLÁ DE LOS ELEGIDOS

Ireneo respalda aún más esta perspectiva en su comentario sobre Colosenses 2:16, identificando los días de fiesta, los ayunos y los sábados como cosas que desagradan al Señor cuando se usan para juzgar a otros y dividir a la iglesia. Él no interpreta Colosenses 2:16 como un mandato para que los gentiles guarden el sábado.

Tertuliano, al argumentar contra Marción, también afirma que Colosenses 2:16 enseña que el sábado ha sido abolido en su forma ceremonial para los creyentes gentiles. Explica que este pasaje nos transiciona de las sombras (sábados, días de fiesta) a la realidad sustancial (Cristo).

Cristo no dijo que Sus discípulos no quebrantaban las normas sabáticas, sino que declaró que eran inocentes a pesar de quebrantarlas. Ireneo explica que los cristianos son sacerdotes espirituales, y así como los sacerdotes del Antiguo Testamento podían profanar el sábado sin culpa, también los cristianos no son juzgados por transgredirlo.

Los reformadores protestantes no enseñaron que el Día del Señor (domingo) reemplazara al sábado. Calvino incluso advirtió que atribuirle al domingo la misma santidad que al sábado conducía a la superstición. Él enfatizó el principio moral de descansar un día de cada siete, sin imponer la observancia de un día específico por ley. Los teólogos de Westminster, de manera similar, hablaron del domingo como un día destinado al culto, a la caridad y a las obras de necesidad y misericordia. Agustín también reconocía que el sábado era el único mandamiento del Decálogo que no era vinculante para los cristianos.

Los primeros cristianos se reunían el domingo no como un mandato legal, sino como un memorial voluntario de Cristo. Sus reuniones incluían actos de caridad y ayuda mutua, no observancias legalistas.

"Todos los que habían creído estaban juntos, y tenían en común todas las cosas; [45] y vendían sus propiedades y sus bienes, y lo repartían a todos según la necesidad de cada uno" (Hechos 2:44–45).

"Y considerémonos unos a otros para estimularnos al amor y a las buenas obras; no dejando de congregarnos, como algunos tienen por costumbre..." (Hebreos 10:24–25).

Esta práctica respalda la idea de que, si los creyentes no pueden dar sus bienes en vida, pueden donarlos al morir, cumpliendo así la doctrina de la caridad a través de su testamento. La entrega se mide de forma relativa, y el enfoque permanece en la generosidad voluntaria, no en la observancia del sábado.

Ireneo enseña que el sábado mosaico fue dado únicamente a Israel. El verdadero cumplimiento del sábado para los cristianos es de naturaleza espiritual: servir a Dios cada día, vivir libres de la codicia y prepararse para el Reino Milenial.

> "Porque hemos sido tenidos, dice el apóstol Pablo, todo el día como ovejas de matadero… consagrados a Dios, ministrando continuamente en la fe, perseverando en ella y absteniéndonos de toda avaricia… el hombre que haya perseverado en servir a Dios participará, en un estado de reposo, de la mesa de Dios".

Además, señala que hombres como Abraham, Lot, Noé y Enoc fueron justos y justificados sin haber guardado el sábado ni haber sido circuncidados. Esto demuestra que el sábado no era una ley natural, y que el pacto en Horeb no fue hecho con los patriarcas, sino solamente después, con Israel (Deuteronomio 5:2).

Tertuliano afirma la misma verdad, citando la justicia de Abel, Noé, Enoc y Melquisedec—todos incircuncisos y sin guardar el sábado—y, sin embargo, agradables a Dios.

Justino Mártir concuerda, declarando que los sábados y la circuncisión fueron dados a causa de la desobediencia de Israel, y que no son obligatorios para los cristianos.

Así permanece el veredicto apostólico de Colosenses 2:16: "Por tanto, nadie os juzgue en comida o en bebida, o en cuanto a días de fiesta, luna nueva o días de reposo".

Gálatas 3:26–29 es a veces mal interpretado para borrar toda distinción entre judío y gentil, hombre y mujer, o siervo y libre. Pero este pasaje se refiere a la igualdad espiritual de todos los creyentes en cuanto a la herencia, no a los roles temporales ni al orden dentro de la iglesia. La promesa hecha a Abraham se cumple en el Reino Milenial, no ahora mediante prosperidad.

El mismo Pablo que escribió Gálatas 3 también estableció roles de género detallados para la iglesia. Prohibió que las mujeres enseñaran o ejercieran autoridad sobre los hombres. Indicó que las mujeres debían guardar silencio en las iglesias en lo que respecta a discusiones teológicas, y que, en su lugar, aprendieran de sus maridos en casa. Estos mandatos no son relativos a la cultura, sino que están fundamentados en el orden de la creación y la autoridad espiritual.

"Porque el marido es cabeza de la mujer, así como Cristo es cabeza de la iglesia, la cual es su cuerpo, y él es su Salvador" (Efesios 5:23).

"Vuestras mujeres callen en las congregaciones; porque no les es permitido hablar, sino que estén sujetas, como también la ley lo dice" (1 Corintios 14:34).

La Palabra de Dios está por encima de toda cultura humana: "Invalidando la palabra de Dios con vuestra tradición" (Marcos 7:13).

Incluso la imagen del esclavo en Gálatas 3 apunta a una recompensa futura: "Sabiendo que del Señor recibiréis la recompensa de la herencia" (Colosenses 3:24). Dios no aprueba la esclavitud, pero sí promete recompensa eterna a quienes sufren injustamente en obediencia.

"El obedecer es mejor que los sacrificios" (1 Samuel 15:22).

La afirmación de que debemos guardar el sábado porque Cristo lo hizo es un argumento defectuoso. Cristo también guardó las 613 leyes. Si los cristianos estuvieran obligados a cumplir todo lo que Cristo hizo, también tendríamos que circuncidarnos y ofrecer sacrificios—sin embargo, la Biblia prohíbe ambas cosas a los creyentes gentiles (Gálatas 5:2–4).

Por tanto, las "buenas obras" exigidas por los padres de la iglesia quiliastas no incluyen la observancia del sábado para los creyentes gentiles.

LOS PADRES DE LA IGLESIA QUILIASTAS NO ENSEÑARON EL DIEZMO

Ireneo de Lyon escribe que el Señor no estableció el mandamiento del diezmo para los creyentes gentiles bajo el Nuevo Testamento. En la cita que sigue, Ireneo muestra claramente que, aunque algunas leyes fueron ampliadas —como dar aun a los enemigos sin considerar sus malas intenciones, con el fin de imitar a Dios Padre— **no se ordenó ninguna ofrenda obligatoria**. Por lo tanto, tampoco se introdujo ninguna forma de diezmo como reemplazo, ya que si el diezmo fuese un mandamiento, tendría que ser obligatorio. Es notable que Ireneo da testimonio de que el diezmo no fue mandado; en cambio, se enseñó la doctrina de la caridad —compartir todos nuestros bienes con los pobres— no solo hacia los prójimos, sino incluso hacia los enemigos. Él enfatiza que el grado en que uno obedece esto determina su posición en el Reino, y que aquellos que no obedecen o dan con hipocresía no poseen el amor de Dios:

«Y en lugar de que la ley ordenara dar los diezmos, [Él nos mandó] compartir **(Mateo 19:21)** todos nuestros bienes con los pobres; y no amar solamente a nuestros prójimos, sino aun a nuestros enemigos; y no limitarnos a ser generosos en dar y proveer, sino incluso ofrecer un regalo gratuito a aquellos que nos quitan nuestros bienes... para que no lo sigas como un esclavo, sino que, como hombre libre, vayas delante de él, mostrándote en todo como alguien bondadoso y útil para tu prójimo, sin considerar sus malas intenciones, sino haciendo tus obras de bondad, asemejándote al Padre, quien hace salir su sol sobre malos y buenos, y envía la lluvia sobre justos e injustos» **(Mateo 5:45)**.

Ireneo enfatiza que el verdadero espíritu de dar consiste en no preocuparse por cómo otros puedan abusar de nuestra generosidad, sino en confiar en Dios y obedecer el espíritu de la gracia. De este modo, ya sea que demos nuestro tiempo, posesiones o dinero, esto no debe limitarse únicamente a la iglesia local, sino extenderse a la comunidad en general, conforme a los mandamientos de Cristo.

Aunque de **Justino de Roma** no se conserva una cita que mencione directamente el diezmo, él enseñó claramente que en la ofrenda no existía compulsión alguna, lo cual implica la ausencia de toda doctrina de diezmar. Esto está en plena armonía con Ireneo y Tertuliano. Justino escribe:

«Y los que tienen abundancia entre nosotros ayudan a los necesitados... y hay una distribución para cada uno, y una participación de aquello sobre lo cual se ha dado gracias, y a los que están ausentes se les envía una porción por medio de los diáconos. Y los que tienen recursos y están dispuestos dan lo que cada uno considera apropiado; y lo que se recoge se deposita en manos del presidente, quien socorre a los huérfanos y a las viudas, y a los que, por enfermedad o cualquier otra causa, están en necesidad; y a los que están presos y a los extranjeros que habitan entre nosotros; y, en resumen, cuida de todos los que están en necesidad».

Tertuliano también afirma que la **iglesia primitiva se edificó sobre la doctrina de la caridad.** La iglesia recogía ofrendas de manera voluntaria, y no se mencionan diezmos ni ningún tipo de contribución obligatoria. Es importante notar que no había lugar para prácticas semejantes al evangelio de la prosperidad: no había compra ni venta del evangelio, ni estilos de vida lujosos financiados con las donaciones de la iglesia. Él explica:

ESPERANZA MÁS ALLÁ DE LOS ELEGIDOS

«Los hombres probados de entre nuestros ancianos presiden sobre nosotros, obteniendo ese honor no por compra, sino por su carácter reconocido. No hay compra ni venta de ninguna clase en las cosas de Dios. Aunque tenemos nuestro arca del tesoro, esta no se compone de dinero comprado, como si la religión tuviera un precio. En el día señalado de cada mes, si quiere, cada uno aporta una pequeña ofrenda; pero solo si así lo desea y solo si puede: porque no hay compulsión; todo es voluntario. Estas ofrendas son, por decirlo así, un fondo de piedad. Pues no se sacan de allí para gastarlas en banquetes, borracheras o lugares de comida, sino para sostener y sepultar a los pobres, para suplir las necesidades de los niños y niñas sin recursos ni padres, y de los ancianos ya postrados en casa; también de aquellos que han naufragado; y si ocurre que hay alguno en las minas, o desterrado a las islas, o encerrado en prisiones, únicamente por su fidelidad a la causa de la Iglesia de Dios, ellos se convierten en los amparados de su confesión. Pero son principalmente los hechos de un amor tan noble los que llevan a muchos a señalarnos con su marca».

Tertuliano también señala que la caridad —y no el diezmo— es el acto mandado que refleja el amor de Dios y produce limpieza:

«Al mismo Dios pertenece la purificación de la naturaleza externa e interna del hombre, pues ambas están bajo el poder de Aquel que prefiere la misericordia no solo al lavamiento del hombre, sino incluso al sacrificio. Porque Él añade este mandamiento: Dad limosna de lo que tenéis, y entonces todo os será limpio **(Lucas 11:41)** … De la misma manera, Él los reprende por diezmar insignificantes hierbas, y al mismo tiempo pasar por alto la hospitalidad y el amor de Dios **(Lucas 11:42)**. Todo el punto de la represión estaba en esto: que ellos se ocupaban de las cosas pequeñas en Su servicio, cuando precisamente a Aquel que les había mandado, le dejaban de mostrar sus deberes más importantes».

Por lo tanto, las "buenas obras" requeridas por los padres de la iglesia quiliastas nunca incluyeron la doctrina del diezmo para los cristianos. En cambio, ellos enfatizaban la doctrina de la caridad unida a la santidad, para prepararse como una de las cinco vírgenes prudentes, lo que lleva a la perfección en el caminar cristiano.

CONCLUSIÓN

Vale la pena señalar que el padre de la Reforma, **Martín Lutero**, tampoco consideró la observancia del sábado ni el diezmo como parte de las buenas obras. Él escribió:

> «**Diezmo**: Pero los otros mandamientos de Moisés, que no están [implantados en todos los hombres] por naturaleza, los gentiles no los guardan. Ni estos les corresponden a los gentiles, tales como el diezmo y otros igualmente buenos que yo desearía que también tuviésemos. …
>
> **Sábado**: Nuevamente, se puede probar a partir del tercer mandamiento que Moisés no corresponde a los gentiles ni a los cristianos».

La **Confesión de Augsburgo** refleja esta misma postura:

> «**Colosenses 2:16**: Por tanto, nadie os juzgue en comida o en bebida, o en cuanto a días de fiesta, luna nueva o días de reposo; … así como el matrimonio o los diezmos, etc., los tienen por derecho humano … Porque los que juzgan que, por autoridad de la Iglesia, la observancia del Día del Señor en lugar del día de reposo fue establecida como algo necesario, yerran grandemente … ejemplo de la libertad cristiana, y deben saber que ni la observancia del día de reposo ni la de ningún otro día es necesaria».

Es importante notar que, cuando se redactó la **Confesión de Augsburgo**, los diezmos no eran recaudados por pastores individuales, sino por el gobierno, el cual solo compartía una pequeña parte con la Iglesia. Esto significaba que los diezmos se utilizaban para gastos seculares y no exclusivamente para fines religiosos, en un claro contraste con la práctica moderna.

Por la gracia de Dios, somos llamados a esforzarnos por estar entre las cinco vírgenes prudentes y no entre las cinco insensatas. Esto se logra comprendiendo y obedeciendo lo que los gigantes de la fe enseñaron—en especial los padres de la iglesia quiliastas y los Reformadores protestantes—quienes de manera constante defendieron la santidad mediante la abstención del pecado y enfatizaron la doctrina de la caridad como la principal buena obra que pone el amor en acción. De esta manera, el Espíritu Santo de Dios mora en nosotros, y caminamos por la senda que conduce a formar parte de la salvación de los elegidos, preparados para entrar en las bodas del Cordero.

CAPÍTULO 8 ¿Insinuó Cristo la Salvación de los No Elegidos en Mateo 19:16-22?

LA SALVACIÓN CRISTIANA EN MATEO 19:16–22

He aquí una traducción académica del pasaje:

«Entonces vino uno y le dijo: "Maestro bueno, ¿qué cosa buena haré para tener la vida eterna?"
Y Él le dijo: "¿Por qué me llamas bueno? Ninguno hay bueno sino uno, Dios. Mas si quieres entrar en la vida, guarda los mandamientos".
Le dijo: "¿Cuáles?"
Y Jesús dijo: "No matarás", "No cometerás adulterio", "No hurtarás", "No dirás falso testimonio", "Honra a tu padre y a tu madre", y "Amarás a tu prójimo como a ti mismo".
El joven le dijo: "Todo esto lo he guardado desde mi juventud. ¿Qué me falta todavía?"
Jesús le dijo: "Si quieres ser perfecto, anda, vende lo que tienes y dalo a los pobres, y tendrás tesoro en el cielo; y ven y sígueme."
Pero al oír el joven esta palabra, se fue triste, porque tenía muchas posesiones» (Mateo 19:16–22).

Una manera correcta de entender estos versículos es analizarlos a la luz del resumen que el mismo Cristo da en la parte final de este capítulo. Ese contexto ayuda a distinguir entre lo que **es esencial para la vida eterna** y lo que corresponde **a la recompensa celestial**. El tema constante que se afirma en todo el cristianismo es que existen requisitos para entrar en el reino, los cuales incluyen el **arrepentimiento del pecado**, principio claramente implicado en esta interacción con el joven rico.

Cristo primero presenta la **obediencia** a los mandamientos como el camino inicial para entrar en la vida. Este hombre rico afirma haber obedecido estos mandamientos desde su juventud. Sin embargo, Cristo luego lo confronta con un **estándar más alto de perfección**, ordenándole que venda todo lo que tiene y lo dé a los pobres, prometiéndole a cambio "tesoro en el cielo". Es fundamental notar aquí que Cristo solo citó los mandamientos que se refieren a las obligaciones hacia el prójimo, y no todo el Decálogo. Esta omisión no es accidental, pues llama la atención sobre la falta de generosidad y amor de este hombre, lo cual revela idolatría al dinero y, por ende, un pecado oculto.

La frase **"si quieres ser perfecto"** sirve como una línea divisoria entre dos clases: aquellos que entran en la vida por medio de la obediencia básica y aquellos que alcanzan el nivel más alto de perfección, evidenciado por el **autosacrificio radical**. En **Mateo 19:28**, Cristo vincula esta perfección con la resurrección y el reinado de los santos, prometiendo gobierno a quienes lo siguen plenamente. Esto demuestra que la vida eterna es distinta de las recompensas celestiales tales como el **"tesoro en el cielo"** y el reinar con Cristo en Su reino.

Por lo tanto, este pasaje introduce la posibilidad de que algunos reciban vida eterna sin llegar a formar parte de la novia o de la clase de los elegidos— los que reinan con Cristo. A la luz de esto, la salvación de los no elegidos se convierte en una consideración teológica válida. Se refiere a aquellos que **no forman parte** de la primera resurrección ni de las bodas del Cordero, pero que, aun así, reciben vida por la gracia del rescate de Cristo. Esta distinción se refuerza en **Mateo 19** por la manera en que Cristo separa a los que simplemente entran en la vida de aquellos que alcanzan tesoro en el cielo.

Muchos **cristianos modernos** abogan por una seguridad absoluta, afirmando que todos los que creen en Cristo obtendrán la vida eterna, aun si caen en pecado, y que su única pérdida será la de recompensas, no la de la vida misma. Sin embargo, esta postura no está exenta de controversia. **John MacArthur**, por ejemplo, confronta esta doctrina citando **Juan 6:66** y a Judas Iscariote como advertencias de que no todos los que comienzan en la fe perseveran. Él da a entender que una mera profesión de fe no es lo mismo que una conversión genuina.

De manera similar, los calvinistas advierten contra el **cristianismo cultural**, en el cual una persona afirma tener fe, pero vive en pecado, negando a Cristo con su conducta. Incluso quienes asisten regularmente a la iglesia, argumentan ellos, pueden no estar salvos si no perseveran en la santificación. Inserra lo expresa claramente: "Los cristianos autoproclamados que adoran a un dios que no requiere autosacrificio, ni obediencia, ni sumisión, ni entrega, no están adorando al Dios de la Biblia, sin importar cuánto afirmen que aman a Jesús". Esta advertencia es coherente con el mensaje de **Mateo 19:16–22**.

Así, la conversación de Cristo con el joven rico no solo expone el corazón de este hombre, sino que también revela implícitamente **niveles**

dentro de la salvación. El primer nivel es la entrada a la vida mediante la obediencia a los mandamientos morales de Dios y la fe en Cristo. El segundo es la perfección, caracterizada por la caridad sacrificial y la rendición total. El primero puede representar la salvación de los no elegidos, mientras que el segundo revela a la novia elegida de Cristo.

LA SANTIDAD FINANCIERA COMO PERFECCIÓN CRISTIANA EN MATEO 19:16–22

Encontramos que Cristo emite un llamado asombroso a la perfección a través de un mandato financiero: dar a los pobres. Esta invitación fue dirigida a un hombre rico que, en términos generales, había guardado los principales mandamientos de la Torá, y aun así seguía "faltándole algo" **(Mateo 19:20)**. Aunque en este caso el requisito para la perfección fue de carácter financiero, los mandamientos de Cristo para alcanzar la perfección se extienden a muchas otras áreas de la vida. Estos principios más amplios se exponen principalmente en las Bienaventuranzas, que se encuentran en el Sermón del Monte **(Mateo 5–7)**.

Los cristianos han luchado por mucho tiempo con la interpretación de lo que significa esta perfección. Algunos la han interpretado meramente como "alcanzar el propósito para el cual están destinados a vivir", lo cual varía según la persona. Sin embargo, tal visión individualista a menudo pasa por alto los estándares morales universales que Cristo enfatizó. Las filosofías seculares y las tradiciones judías han intentado definir o interpretar este concepto, pero tales fuentes deben abordarse con extrema cautela. Con frecuencia, Cristo corrigió explícitamente los conceptos erróneos judíos, lo cual se evidencia particularmente en sus fórmulas de represión: "Oísteis que fue dicho... pero Yo os digo" (cf. **Mateo 5:21–22, 27–28, 33–34**, etc.).

En el tema del dinero, **Korver** señala acertadamente que en **Mateo 19:21** Cristo se estaba refiriendo al "tesoro en el cielo", no a la entrada en el cielo. Sin embargo, tal distinción puede volverse peligrosa si se usa para justificar el descuido de los pobres, ya que la negligencia financiera también puede conducir a condenación. La doctrina de la santidad financiera —es decir, vivir con rectitud en lo monetario— no es meramente una categoría de recompensa más alta, sino que está directamente ligada a la obediencia que salva cuando el amor de Dios debe manifestarse en términos materiales. Los padres de la Iglesia y los Reformadores confirman esto con firmeza.

La parábola del rico y Lázaro **(Lucas 16:19–31)** es un pasaje clave donde el pecado financiero se muestra como causa de fuego eterno. Algunas interpretaciones judías modernas intentan restarle importancia o alegorizarla, pero los primeros pensadores cristianos la consideraron un relato histórico y no meramente simbólico.

Ireneo de Lyon (c. 130–202) afirma que el hombre rico fue condenado al Hades por no mostrar misericordia hacia el pobre Lázaro. Esto refleja la advertencia del apóstol Santiago, quien declara que el acumular riquezas sin ayudar a los pobres hará que "vuestras riquezas están podridas… Vuestro oro y plata están enmohecidos… y su moho testificará contra vosotros, y devorará del todo vuestras carnes como fuego" (**Santiago 5:2-3**), señalando una clara conexión entre el lujo egoísta y el juicio final. Ireneo repite este mismo tema.

Tertuliano (c. 155–220) refuta la idea de que esta historia sea meramente alegórica, razonando que incluso las parábolas deben estar basadas en elementos reales, y que la mención de Abraham por parte de Cristo prueba la realidad de este relato. Cristo no habría dado tales advertencias si el peligro no fuera real. Tertuliano además afirma que los obispos que ignoran a los pobres y no practican la hospitalidad—como lo requieren "Moisés y los profetas"—podrían terminar igualmente en el fuego del infierno.

Martín Lutero (1483–1546) explica que no basta con "apartarse del mal"; también es necesario "hacer el bien". **Juan Calvino** (1509–1564) es aún más explícito, declarando que el hombre rico de Lucas 16 fue al infierno "por negarse a mover siquiera un dedo para ayudar al pobre".

¿Por qué conectó Cristo la perfección con la renuncia financiera? Aquellos que entregan todo no pueden ser culpables de retener algo para sí, porque no guardan nada para ellos mismos. Viven únicamente con lo más básico, eliminando toda posibilidad de avaricia. El estándar de perfección de Dios define como pecado incluso el simple hecho de dejar de hacer el bien en aquellas áreas donde uno tiene la capacidad de hacerlo (**cf. Santiago 4:17**), y esto incluye claramente el contexto financiero. Ya se está pecando cuando alguien rehúsa dar estando en posición de hacerlo.

Esta es una de las razones principales por las que la primera iglesia del Nuevo Testamento tenía todas las posesiones en común (**Hechos 2:44–45; Hechos 4:32–35**). Aunque este nivel de unidad hoy resulte impracticable debido a las complejidades económicas y sociales, el principio permanece: debemos dar en medida relativa, conforme a nuestra capacidad.

La verdadera unidad en la Iglesia está incompleta sin este aspecto financiero. Amar a los demás como a uno mismo solo se cumple cuando uno gasta en los demás tanto como en sí mismo, en la medida en que le es posible.

En contraste, muchos cristianos profesantes gastan en exceso en placeres personales, dando muy poco a otros—aun cuando exteriormente parecen santos. Pero el amor a Dios se demuestra a través de compartir los bienes espirituales y materiales **(1 Juan 3:17)**, y sin esta caridad, la salvación de una persona puede ponerse en duda. La historia del rico y Lázaro deja esto dolorosamente claro.

Los incrédulos a menudo se burlan de la generosidad cristiana, especialmente cuando esta se extiende a desconocidos, incrédulos o incluso enemigos. Pero Cristo manda precisamente eso **(Lucas 6:35)**. **Juan Crisóstomo** (c. 347–407) enseñó que la caridad es una virtud superior a la virginidad, corrigiendo a quienes daban prioridad al ayuno y a la oración por encima de la limosna. Crisóstomo ubica la limosna como el núcleo de la perfección, en concordancia con Cristo en **Mateo 19:21**. Los profetas también afirman esto, como Isaías, quien vincula las buenas obras—especialmente hacia los pobres—con la verdadera justicia **(Isaías 58:6–11)**.

La ofrenda caritativa es uno de los dones de la gracia **(Romanos 12:8)**. Es elogiada de manera única en la Escritura cuando se hace "más allá de las propias fuerzas" (**2 Corintios 8:3**), especialmente por aquellos que son pobres ellos mismos. Debido a que obtener ganancias limpias requiere esfuerzo y trabajo arduo, entregarlas equivale a una especie de sacrificio de vida, siguiendo el modelo de Cristo mismo. De esta manera, dar a los pobres se asemeja a poner la vida por los demás, participando así del ejemplo de Cristo, aun en el ámbito del dinero.

POSIBILIDAD DE SALVACIÓN PARA LOS NO ELEGIDOS EN MATEO 19:16-22

Koplitz observa que, en el modelo educativo griego, siempre se asume que el instructor tiene la razón—un método que ha influido profundamente en las instituciones bíblicas y en las iglesias hasta el día de hoy. En contraste, el método de instrucción hebreo anima al estudiante a cuestionar lo que escucha, lo que conduce a una comprensión más profunda y finalmente capacita al alumno para convertirse también en maestro. Esta dinámica se hace evidente en la interacción de Cristo con el joven rico en **Mateo 19:16–22**. En lugar de dar de inmediato una lista de reglas cuando se le pregunta: "¿Qué bien haré para tener la vida eterna?", Cristo responde primero con una contra-pregunta, llevando al joven a la introspección. Solo después de involucrar el entendimiento del muchacho, Cristo confirma ciertos mandamientos y amplía lo que aún le faltaba.

De este intercambio se pueden hacer varias observaciones:

En primer lugar, Cristo **no exigió** al hombre que guardara los 613 mandamientos de la Torá para heredar la vida eterna.

En segundo lugar, cuando el joven le pregunta: **"¿Cuáles mandamientos?"**, Cristo cita únicamente los **últimos seis de los Diez Mandamientos**, los cuales se refieren a las relaciones entre seres humanos. Omite los primeros cuatro mandamientos, que se centran en la relación de la persona con Dios. Esta distinción abre la posibilidad de que Cristo esté dejando entrever una salvación para los no elegidos; es decir, una salvación para aquellos que no conocen plenamente ni adoran a Dios, pero que guardan las leyes morales relacionadas con el prójimo. Si alguien guarda los primeros cuatro mandamientos, estaría en sintonía con la salvación de los elegidos, ya que esos mandamientos tratan sobre la obediencia directa a Dios. Sin embargo, incluso el cuarto mandamiento, el del día de reposo, no es impuesto a los creyentes gentiles, como lo confirman tanto los primeros padres de la iglesia como los Reformadores protestantes. **Ireneo** interpretó el día de reposo en un sentido espiritual, viendo su observancia como un llamado a abstenerse de la avaricia y a evitar atesorar riquezas: "Los días de reposo nos enseñaban a continuar día a día en el servicio de Dios… absteniéndonos de toda avaricia y no adquiriendo ni poseyendo tesoros en la tierra".

En tercer lugar, Cristo incluye el mandamiento de "amarás a tu prójimo como a ti mismo", que no forma parte de los Diez Mandamientos, sino que está tomado de **Levítico 19:18**. Cristo amplía este mandamiento al nivel de "amar incluso a los enemigos" en la parábola del Buen Samaritano (**Lucas 10:25–37**), mostrando que el amor debe ir más allá de los límites culturales y religiosos.

En cuarto lugar, el joven rico **afirmó haber guardado todos estos mandamientos**. En respuesta, Cristo le dijo que aún le faltaba algo y le instruyó a vender todo lo que tenía y dárselo a los pobres, y después seguirle. Esta adición de la doctrina de la caridad y del discipulado va más allá de los mandamientos morales y parece conformar la imagen completa de la salvación de los elegidos: una conducta recta más la obediencia activa a Cristo mismo.

En quinto lugar, la **parábola del Buen Samaritano** puede respaldar la idea de una salvación para los no elegidos. Cristo dijo que los samaritanos "no conocen a Dios" (**cf. Juan 4:22**), y sin embargo, el samaritano de la parábola practicó la compasión hacia su enemigo, el judío. Esto podría representar a un no cristiano ejerciendo la doctrina de la caridad hacia los cristianos—reflejando a las ovejas sorprendidas de las naciones en **Mateo 25:31–40**, quienes no son conscientes de estar sirviendo a Cristo y preguntan: "¿Cuándo te vimos hambriento…?". No obstante, Cristo los identifica como "justos" por sus obras hacia Sus hermanos, dando a entender que se trata de no elegidos (no discípulos) que son salvos por su caridad hacia los cristianos.

En sexto lugar, si esta interpretación es válida, tales personas no son salvas por obras, sino que se les concede la fe después de ver. Esto se refleja en **Juan 6:29, 36 y 40**, donde Cristo reprende a aquellos que le vieron pero no creyeron. La implicación es que verlo y creer después de ello todavía puede llevar a la salvación—de manera similar a Tomás, quien solo creyó tras ver al Señor resucitado. Tales personas podrían corresponder a aquellos de 1 Corintios 3:15, que son "salvos, aunque así como por fuego". Se diferencian de los cristianos recompensados de **1 Corintios 3:14**, cuya fe viva produce al menos fruto al treinta por uno **(cf. Mateo 13:8)**.

En séptimo lugar, Cristo afirmó que los profetas duraron hasta **Juan el Bautista (Mateo 11:13)**, no solamente hasta **Malaquías**. Esto podría dejar espacio para los libros deuterocanónicos, como Sabiduría de **Salomón y 2 Esdras**, que tienen lugar entre Malaquías y Juan. Aunque no son canónicos, algunos de estos escritos ofrecen perspectivas tempranas acerca de la vida después de la muerte y el juicio. Por ejemplo, **2 Macabeos 12:42–45** promueve oraciones por los muertos, acompañadas de una ofrenda por el pecado—no oraciones a los muertos, lo cual es antibíblico.

> "Él hizo expiación por los muertos, para que fuesen librados del pecado".

Esto sugiere un concepto primitivo de purgatorio, aunque no es un requisito para la visión de salvación para los no elegidos que aquí se presenta. Lo importante es esto: Cristo celebró **la Fiesta de la Dedicación** (Janucá), una festividad que se originó a partir de los Macabeos **(Juan 10:22–23)**. Si los **Macabeos** hubiesen sido falsos profetas, ¿por qué habría Cristo de participar en una fiesta asociada a ellos? El hecho de que Cristo no corrija la práctica judía de orar por los muertos—aunque tampoco la respalda—deja espacio para una reflexión especulativa, siempre sometida al principio de *Sola Scriptura*.

En octavo lugar, **otros escritos tempranos ortodoxos y católicos** (excluyendo las fuentes heréticas) contienen declaraciones que parecen apoyar la posibilidad de salvación para los no elegidos, especialmente cuando se alinean con las líneas proféticas del quiliasmo.

i) En la **primera resurrección**, **Ireneo y Lactancio** afirman que todos los cristianos y los santos justos del pasado resucitan para reinar con Cristo en Su segunda venida pública, la cual pone fin al reinado del anticristo e inaugura el Reino Milenial.

ii) En la **segunda resurrección**, **Lactancio** enseña que todos los individuos restantes resucitan para juicio y condenación, sin quedarles ya esperanza alguna.

> "Al mismo tiempo tendrá lugar esa segunda y pública resurrección de todos, en la cual los impíos serán levantados para castigos eternos…"

Sin embargo, **Ireneo** cita el pasaje de las ovejas y los cabritos de **Mateo 25** y lo aplica a toda la raza humana. Esto sugiere que algunos que no forman parte de la primera resurrección—es decir, aquellos que resucitan después de los mil años—podrían aún ser salvos. Dado que la primera y la segunda resurrección están separadas por un milenio, las ovejas de **Mateo 25:34** podrían representar a justos no elegidos, salvos durante la segunda resurrección únicamente en base a la doctrina de la caridad.

La doctrina judía de los gentiles justos que guardan las **Siete Leyes de Noé** podría ser una sombra de esta idea. Sin embargo, a la luz de **Mateo 19**, el estándar parece ser más alto: los últimos seis mandamientos del Decálogo. Tanto en las leyes **noájidas** como en la lista de Mateo 19 está ausente el mandamiento de no adorar ídolos, el cual está ligado a los dos primeros mandamientos. Si una persona se abstiene de la idolatría, eso potencialmente la colocaría dentro de los elegidos, no de los no elegidos.

En conclusión, el encuentro de Cristo con el joven rico en **Mateo 19:16–22**, junto con otras referencias bíblicas e históricas, ofrece fundamentos serios en la Escritura para la posibilidad de una salvación para los no elegidos—no por obtenerla mediante obras, sino por demostrar una naturaleza justa conforme a la ley moral, particularmente a través de la caridad hacia el pueblo de Cristo. Tales personas podrían ser salvas después de la muerte, al ver a Cristo y arrepentirse, siendo distintas de aquellos que son salvos con recompensa en esta vida.

CONCLUSIÓN

La posibilidad de salvación para los no elegidos podría referirse específicamente a los gentiles justos que, durante su vida terrenal, cumplieron los últimos seis de los Diez Mandamientos, aquellos que tienen que ver con las relaciones humanas. Si esta interpretación es correcta, entonces en Mateo

ESPERANZA MÁS ALLÁ DE LOS ELEGIDOS

19:16–22 Cristo—en Su presciencia—podría estar ilustrando por qué el joven rico, quien no logró cumplir ni siquiera esos seis mandamientos en el ámbito financiero hacia los demás, aun así podría ser salvo, pero solo dentro de una categoría de salvación no electa.

Esto podría explicar por qué Cristo omite los primeros cuatro mandamientos, los que tratan directamente de la relación con Dios, al responderle al joven rico. Según Marcos 12:29–31, cumplir el mandamiento más grande—amar a Dios—requiere amar al prójimo como a uno mismo. Esto implica que, sin obediencia a los mandamientos centrados en el prójimo, uno no puede amar verdaderamente a Dios, ya que ambos están interrelacionados.

El cumplimiento de estos seis mandamientos es algo plausible incluso para individuos no elegidos, porque dichos mandamientos se refieren a la conducta humana, y aun los cristianos imperfectos procuran obedecerlos. Cuando tal justicia se encuentra en los incrédulos, sigue siendo por la gracia de Dios y no por mérito humano, y puede señalar a aquellos destinados a esta categoría inferior de salvación. Además de las ovejas sorprendidas de las naciones en Mateo 25:31–46, el caso de Ciro el Grande es ilustrativo: Dios usó a Ciro para poner en práctica la doctrina de la caridad al liberar a los judíos, a pesar de que Ciro nunca conoció a Dios ni antes ni después de este acto (Isaías 45:4-5). De manera semejante, Cornelio fue aceptado por Dios a causa de su caridad y oraciones incluso antes de su conversión (Hechos 10:1–4). Que luego haya creído en Cristo mediante un encuentro divino muestra que él pasó a la salvación de los elegidos, ilustrando así cómo ambas categorías pueden obrar en una misma vida.

Debemos acercarnos a la interpretación profética con cautela, en reverencia a la advertencia de Apocalipsis 22:18–19, que solemnemente declara:

> "Yo testifico a todo aquel que oye las palabras de la profecía de este libro: Si alguno añadiere a estas cosas, Dios traerá sobre él las plagas... y si alguno quitare... Dios quitará su parte del Libro de la Vida..."

A la luz de esto, la idea de la salvación para los no elegidos no se presenta como una nueva doctrina, sino como una hipótesis académica basada en la Escritura, reconociendo que el Espíritu Santo no reveló directamente esta interpretación. Esta cautela ayuda a evitar el peligro espiritual de añadir o quitar algo de la Palabra de Dios.

Dicho esto, Apocalipsis 22:17 podría contener una referencia sutil a esta idea. El pasaje dice:

> "Y el Espíritu y la Esposa dicen: Ven. Y el que oye, diga: Ven. Y el que tiene sed, venga; y el que quiera, tome del agua de la vida gratuitamente".

Esta invitación final, pronunciada por la Esposa (la Iglesia), parece no dirigirse a sí misma, sino a los de afuera—aquellos que aún no son parte de los elegidos. Es notable que participar del agua de la vida implica entrar en el estado final sin pecado de la resurrección; y, sin embargo, quienes participan aquí también necesitan sanidad mediante las hojas del Árbol de la Vida (Apocalipsis 22:2). Esto ocurre después del Juicio del Gran Trono Blanco (Apocalipsis 20:11–15), en los Nuevos Cielos y la Nueva Tierra, donde el Libro de la Vida ya ha sido revelado (Apocalipsis 21:27).

Según la línea de tiempo del quiliasmo presentada por Lactancio y especialmente por Ireneo, los cristianos ya habrán participado del agua de la vida mil años antes, durante la Primera Resurrección (Apocalipsis 20:4–6). Por lo tanto, resulta difícil imaginar un escenario en el que los cristianos todavía necesiten sanidad después de un milenio completo de vida glorificada en la resurrección. Esto sugiere que aquellos que requieren sanidad en Apocalipsis 22:2 podrían pertenecer a otro grupo: las naciones salvas (Apocalipsis 21:24–26), distintas de la Esposa.

Estas naciones, sobre las cuales reinan los reyes de la tierra (Apocalipsis 21:24), podrían estar compuestas por individuos salvos no elegidos, mientras que los cristianos, en este punto, parecen estar en gloria celestial (Apocalipsis 21:9), reinando como reyes y sacerdotes (Apocalipsis 1:6). Esta distinción refuerza la idea de que pueden existir diferentes clases de salvación en el estado eterno, de acuerdo con la respuesta de cada persona a la verdad en esta vida o, posiblemente, en el mundo de los espíritus.

En resumen, aun si esta visión de una salvación para los no elegidos resultara ser incorrecta, su exposición aquí se ha hecho con cautela, sin dogmatismo y siempre sujeta únicamente a la autoridad de la Sagrada Escritura. El corazón de este ensayo es examinar honestamente esta posibilidad, no con presunción. Al no reclamar una revelación divina, evitamos transgredir las advertencias solemnes de Apocalipsis. Simplemente hemos planteado la idea como una posibilidad bíblica en armonía con Mateo 19:16–22, respaldada por la secuencia profética y coherente con los escritos de ciertos Padres de la Iglesia quiliastas y con los principios bíblicos de la justicia divina.

CAPÍTULO 9 Otros Padres de la Iglesia o Citas sobre la Salvación de los No Elegidos

Cualquier cita de un Padre de la Iglesia que sugiera que alguien pueda ser salvo en el mundo de los espíritus, ya sea en el Hades o incluso desde el Lago de Fuego, puede considerarse como una referencia posible a la salvación de los no elegidos. Sostenemos la creencia clásica protestante de que la salvación de los elegidos no pasa por ningún juicio en el mundo espiritual, tal como se ve en las Escrituras:

i) La salvación de los elegidos no pasa por juicio en el Hades:

"De cierto, de cierto os digo: El que oye Mi palabra y cree al que me envió, tiene vida eterna; y no vendrá a condenación, mas ha pasado de muerte a vida".

ii) La salvación de los elegidos no pasa por juicio en el Lago de Fuego:

"El que tiene oído, oiga lo que el Espíritu dice a las iglesias. El que venciere, no sufrirá daño de la segunda muerte".

"Bienaventurado y santo el que tiene parte en la primera resurrección; la segunda muerte no tiene potestad sobre éstos, sino que serán sacerdotes de Dios y de Cristo, y reinarán con Él mil años".

1. Libro de 1 Enoc

En el Libro de 1 Enoc (reconocido como canónico únicamente por la Iglesia Ortodoxa Etíope), el capítulo 50 describe una escena que se alinea con la Profecía Quiliasta: ocurre una transformación entre los elegidos, quienes son descritos como ya no siendo carne y sangre, sino revestidos de "la luz de los días", "gloria" y "honor". Esta transformación tiene lugar en el Día del Juicio (versículo 2), lo que implica el contexto de la Segunda Resurrección. Los elegidos son victoriosos, y a los impíos se les permite contemplar su gloria para que puedan arrepentirse.

Pero aquellos que se arrepienten en esta etapa son descritos como carentes de "honor" (versículo 3). Esto implica que no son elegidos. No obstante, el texto dice que "serán salvos" por el nombre del Señor, y que "el Señor de los Espíritus tendrá compasión de ellos". Esto sugiere una posibilidad de salvación para los no elegidos, distinta de la recompensa y la gloria de los elegidos. Los versículos finales declaran la condenación eterna para los que no se arrepienten, después de lo cual cesa la misericordia divina.

"**1** Y en aquellos días tendrá lugar un cambio para los santos y los elegidos, y la luz de los días reposará sobre ellos,

2 en el día de la aflicción en el cual el mal habrá sido atesorado contra los pecadores. Y los justos serán victoriosos en el nombre del Señor de los Espíritus; y Él hará que los otros sean testigos de esto, para que se arrepientan y abandonen las obras de sus manos.

3 No tendrán honor por medio del nombre del Señor de los Espíritus, pero por Su nombre serán salvos, y el Señor de los Espíritus tendrá compasión de ellos, porque grande es Su compasión.

4 Y Él es justo también en Su juicio, y en la presencia de Su gloria la injusticia no podrá mantenerse; en Su juicio los que no se arrepientan perecerán delante de Él.

5 Y de ahora en adelante no tendré misericordia de ellos, dice el Señor de los Espíritus".

2. El Pastor de Hermas

Tertuliano expresó incomodidad con *El Pastor de Hermas* porque parece enseñar una posibilidad de salvación para los no elegidos, particularmente para ciertos pecadores como los adúlteros. Sin embargo, él mismo admite su autoridad, diciendo:

"Pero yo cedería mi posición ante ti, si la Escritura del Pastor, que es la única que favorece a los adúlteros, hubiera merecido encontrar un lugar en el canon divino; si no hubiera sido juzgada habitualmente por todo concilio de Iglesias (incluso de las tuyas) entre los escritos apócrifos y falsos; ... Yo, sin embargo, bebo las Escrituras de ese Pastor que no puede ser quebrantado".

Aunque Tertuliano tenía reservas, aun así respetaba el texto como portador de una verdad inquebrantable. Este método de examen crítico pero honesto es el mismo enfoque que se adopta en este ensayo.

El Pastor de Hermas (también llamado "El Pastor") fue considerado Escritura por varios Padres de la Iglesia primitiva, incluyendo a san Ireneo de

ESPERANZA MÁS ALLÁ DE LOS ELEGIDOS

Lyon e incluso a Tertuliano. Apareció en colecciones bíblicas tempranas, como el Canon Muratoriano/Romano y el Códice Sinaítico.

Ireneo cita *El Pastor de Hermas* como Escritura, escribiendo:

"Verdaderamente, pues, declaró la Escritura, que dice: 'Ante todo, cree que hay un solo Dios, quien ha establecido todas las cosas y las ha completado, y habiendo hecho que de lo que no existía todas las cosas vinieran a la existencia: Aquel que contiene todas las cosas y a quien nadie contiene'".

Esta frase coincide exactamente con la que se conserva hoy en *El Pastor de Hermas*.

El Canon Muratoriano (c. 170 d.C.) confirma la autoridad del texto:

"Pero Hermas escribió *El Pastor* muy recientemente, en nuestros tiempos, en la ciudad de Roma, mientras el obispo Pío, su hermano, ocupaba la cátedra de la iglesia en la ciudad de Roma. Y por lo tanto, ciertamente debe leerse; pero no puede leerse públicamente al pueblo en la iglesia ni entre los Profetas, cuyo número ya está completo, ni entre los Apóstoles, pues es posterior a su tiempo".

San Atanasio el Grande no incluyó esta obra en su canon de 27 libros, pero colocó *El Pastor* en el mismo nivel que el libro de Ester, el cual los protestantes aceptan hoy como Escritura. Este paralelismo abre la posibilidad de que *El Pastor de Hermas* siga teniendo peso, especialmente para comprender las creencias cristianas tempranas sobre la salvación post mortem.

El Pastor describe la salvación de los elegidos como el ingreso en la "Torre del Arrepentimiento", que representa a la Iglesia. El ángel en la visión dice:

"Muchos, en verdad, escucharán, y al escuchar, algunos se alegrarán, y otros llorarán. Pero aun éstos, si oyen y se arrepienten, también se regocijarán. Escucha, entonces, las parábolas de la torre; ... La torre que ves edificándose soy yo mismo, la Iglesia, que se te ha aparecido ahora y en la ocasión anterior".

San Ireneo también hace uso de este concepto, escribiendo:

"... la hermosa torre de los elegidos siendo también levantada en todas partes. Porque la ilustre Iglesia está [ahora] en todas partes, y en todas partes se cava el lagar: porque aquellos que reciben el Espíritu están en todas partes".

Sin embargo, *El Pastor de Hermas* introduce un camino de salvación para los no elegidos destinado a aquellas "piedras rechazadas", es decir, personas que en algún momento fueron receptivas al Evangelio pero que finalmente no vivieron en santidad. A estos no se les permite entrar en la Torre, pero se les promete un lugar en una región mucho más inferior después de haber sufrido castigo por sus pecados. El mensajero angelical explica:

"¿Quieres saber quiénes son los otros que cayeron cerca de las aguas, pero no pudieron rodar dentro de ellas? Son aquellos que han oído la palabra y desean ser bautizados en el nombre del Señor; pero cuando la castidad que exige la verdad viene a su memoria, retroceden y vuelven a andar tras sus propios deseos malvados... ¿Es posible el arrepentimiento para todas aquellas piedras que han sido desechadas y no encajaron en la construcción de la torre...? El arrepentimiento —dijo ella— aún es posible, pero en esta torre no podrán encontrar un lugar adecuado. Sino que en otro lugar, mucho más inferior, serán colocadas, y esto, además, solo después de que hayan sido atormentadas y hayan cumplido los días de sus pecados. Y por esta razón serán trasladadas, porque han participado de la Palabra justa. Y solo entonces serán apartadas de sus castigos cuando en su corazón surja el pensamiento de arrepentirse de las malas obras que han hecho. Pero si este pensamiento no llega a su corazón, no serán salvos a causa de la dureza de su corazón".

En esta visión, los Elegidos son identificados con la Iglesia, pero aparece otra categoría de personas que reciben misericordia después del juicio y del castigo. No son elegidos y no pueden entrar en la torre, pero se les muestra misericordia en otro lugar. Esto encaja con la idea de la salvación para los no elegidos: no se trata de una condenación eterna, pero tampoco de la plena recompensa de los elegidos.

Según este texto, tales personas solo pueden ser salvas si se arrepienten después de su castigo y si previamente han participado de la Palabra justa. Esto posiblemente se refiere a su recepción anterior de las enseñanzas de Cristo, en especial los mandamientos relacionados con la santidad y la doctrina de la caridad. Aunque rechazaron la obediencia en su momento, *El Pastor* da a entender que un arrepentimiento póstumo aún puede conducir a una forma de salvación, aunque claramente inferior.

Podemos identificar la "salvación en la torre de los elegidos" como una referencia a la morada final en los nuevos cielos, mientras que la salvación de los no elegidos fuera de la torre corresponde a la morada final en la nueva tierra, según lo que hemos tratado anteriormente. Además, obsérvese con atención: si la doctrina católica romana del purgatorio fuera correcta, entonces estas almas serían colocadas nuevamente dentro de la torre después de su purificación. Sin embargo, eso no es lo que aquí se enseña. La salvación de estos individuos se dice explícitamente que es **fuera** de la torre (es decir, no dentro de la Iglesia), lo cual descarta la interpretación católica romana y, en cambio, implica una posibilidad distinta de salvación para los no elegidos.

Obsérvese también que estos individuos no son descritos como arrepintiéndose en la tierra, a pesar de haber escuchado el Evangelio, porque regresaron a sus propios malos deseos. Esto deja en claro que no forman parte de los ignorantes ni de los no alcanzados, ni pueden equipararse con aquellos que nunca tuvieron la oportunidad de responder. Su oportunidad llegó, y la rechazaron durante su vida terrenal.

3. San Ambrosio (c. 340–397 d.C.), Arzobispo de Milán

Las palabras de san Ambrosio ofrecen una visión temprana de un posible escenario de salvación para los no elegidos, al sugerir que incluso aquellos que no reciben la recompensa de los elegidos podrían, sin embargo, obtener una forma de misericordia después de la muerte, aunque sin el honor asociado a la primera resurrección. Su declaración reconoce que algunas almas pueden encontrarse en una condición en la que no son del todo desechadas, pero tampoco están entre los bienaventurados que reinan con Cristo.

Él escribe:

> "Así también Dios, que prefiere la misericordia al sacrificio, no reserva Su misericordia solo para el tiempo de la recompensa, sino que la ejerce incluso en el tiempo del castigo. Él consuela al penitente en el infierno, y lleva alivio a aquellos que son atormentados por los castigos del juicio".

Este comentario no apoya la idea de una salvación universal. Afirma claramente la justicia del castigo divino, al mismo tiempo que sostiene que la misericordia de Dios puede extenderse incluso en medio del juicio, ofreciendo consuelo a los que están siendo castigados. Si esa misericordia da lugar a alguna medida de restauración o preservación, entonces esto podría estar en consonancia con una salvación para los no elegidos, donde las almas no son aniquiladas ni tampoco recompensadas con el privilegio de reinar como reyes y sacerdotes, sino que se les concede supervivencia o sanidad fuera de la torre, de manera semejante a aquellos que son sanados por las hojas del árbol de la vida (Apocalipsis 22:2) y que habitan entre las naciones de los salvos (Apocalipsis 21:24–26), en lugar de estar dentro de la Esposa (Apocalipsis 21:9).

4. San Clemente de Alejandría (c. 150–215 d.C.)

Las palabras de Clemente ofrecen una de las afirmaciones más claras en los primeros siglos acerca de la evangelización post mortem—un concepto distinto del universalismo y, sin embargo, posiblemente coherente con la salvación de los no elegidos. Él presenta el Evangelio como predicado no solo a los vivos, sino también a los muertos, incluso entre los gentiles que no escucharon el mensaje durante su vida terrenal.

Él escribe:

> "¿Acaso [las Escrituras] no muestran que el Señor predicó el Evangelio a aquellos que perecieron en el diluvio, o más bien que habían estado encadenados, y a aquellos que estaban guardados bajo custodia? Y también se ha demostrado que los apóstoles, siguiendo al Señor, predicaron el Evangelio a los que estaban en el Hades... Si, entonces, el Señor descendió al Hades sin otro fin que predicar el Evangelio... fue ya sea por causa de todos, o ciertamente por causa de aquellos que habían estado en mejores condiciones de recibirlo".

Esta cita implica la posibilidad de que ciertas personas en el Hades —no todas— aún fueran alcanzadas por el Evangelio después de la muerte. Estas almas pueden no pertenecer a la salvación de los elegidos, pues Clemente no afirma que hereden la gloria eterna ni que reinen con Cristo, pero sí parecen recibir una oportunidad de salvación en el ámbito espiritual. Así, podrían quedar comprendidas dentro de una categoría de salvación no electa: salvas, pero no glorificadas; liberadas, pero no coronadas.

5. San Juan Crisóstomo (c. 349–407 d.C.), Arzobispo de Constantinopla

Aunque Crisóstomo no enseña un fuego purgatorial ni una restauración universal, deja espacio para la idea de que algunos en el Hades puedan, en última instancia, recibir ayuda por medio de las oraciones de los justos, aun cuando no formen parte de los elegidos. Esto abre una posible ventana hacia la salvación de los no elegidos: no basada en el arrepentimiento terrenal, sino en la misericordia extendida a través de la intercesión y el recuerdo.

En su *Homilía sobre Filipenses 1:1–2*, él escribe:

> "No en vano fue decretado por los Apóstoles que en los temibles Misterios hubiera una conmemoración de los difuntos. Ellos sabían que de ello resulta para ellos gran provecho, gran beneficio. Pues cuando toda la congregación está de pie con las

manos levantadas, y una asamblea sacerdotal, y se presenta aquel temible sacrificio, ¿cómo no habremos de prevalecer ante Dios, suplicando por ellos?"

Aunque Crisóstomo no dice que estos difuntos sean finalmente salvos en la misma gloria que los elegidos, sí enseña claramente que reciben beneficio y ayuda—no por su propio arrepentimiento, sino por la misericordia extendida a través de la fe de otros. Si esta ayuda intercesora cambia su condición sin llevarlos a la herencia de los elegidos, se alinea estrechamente con el resultado de una salvación no electa: una misericordia extendida póstumamente, que concede alivio o restauración sin llegar a la glorificación.

6. San Basilio el Grande (c. 330–379 d.C.), Obispo de Cesarea

San Basilio, uno de los tres Padres Capadocios, no promovió el universalismo, pero, al igual que Crisóstomo, afirmó que la oración intercesora por los difuntos puede ser efectiva—aunque el resultado final no sea igual a la recompensa de los elegidos. Él dio cabida a que la misericordia de Dios opere más allá de la muerte de una manera que respalde la posibilidad de una salvación para los no elegidos.

En su *Homilía sobre el Salmo 28*, escribe:

"Conozco a muchos que, después de su partida de esta vida, se han beneficiado de las oraciones y de la liturgia que se ofrece por ellos. No me refiero a pecadores notorios, sino a aquellos que han cometido faltas menores y han partido a su descanso, no del todo cargados de iniquidades".

Esto claramente limita la ayuda a aquellos que no son "pecadores notorios", pero implica que las almas de los difuntos, ya juzgadas en cierto grado, todavía pueden ser aliviadas, ayudadas o recibir misericordia mediante los actos intercesores de la Iglesia. Esto no se corresponde con la salvación de los elegidos, la cual no necesita asistencia después de la muerte, tal como dijo Cristo acerca de los creyentes: "no vendrá a condenación" (Juan 5:24). Por lo tanto, si la visión de Basilio es correcta, abre la puerta a una categoría secundaria de salvación—en la cual algunos son levantados del castigo, pero permanecen fuera de la Torre, es decir, no heredan la glorificación de los elegidos.

7. San Gregorio de Nisa (c. 335–c. 395 d.C.), hermano menor de San Basilio el Grande

San Gregorio de Nisa es a veces malinterpretado como si fuera universalista, pero una lectura cuidadosa muestra que él diferenciaba entre la naturaleza de la justicia divina y el propósito de la purificación post mortem. Él concebía una purificación larga y dolorosa después de la muerte, no como un tormento eterno, sino como un proceso que puede restaurar a ciertas almas—no a todas—a un nivel de justicia.

En su obra *Sobre el alma y la resurrección*, escribe:

> "Porque el mal debe ser eliminado por completo, y nada ha de quedar fuera de los límites del bien. Y mientras quede en el hombre algo de la mezcla del mal, será imposible que participe de la vida bienaventurada: debemos ser purgados de las manchas en un fuego purificador".

Esta declaración no afirma que todos serán salvos, ni que esta purificación esté reservada únicamente para los cristianos. Más bien, Gregorio prevé que algunas almas, incluso aquellas que no están en la Iglesia, puedan pasar por un fuego refinador, siendo purificadas hasta quedar aptas para alguna forma de aceptación divina. Esto no es el estado glorificado de los elegidos, quienes ya son hallados fieles y recompensados en la Primera Resurrección (Apocalipsis 20:6). Por lo tanto, la imagen de Gregorio coincide con la enseñanza de *El Pastor de Hermas* acerca de un "lugar mucho más inferior" para algunas almas después del castigo, implicando así una posible salvación para los no elegidos.

8. San Clemente de Alejandría (c. 150–c. 215 d.C.)

San Clemente de Alejandría es una de las voces más tempranas y claras en apoyo de oportunidades de salvación post mortem—no para los elegidos, sino posiblemente para aquellos que no respondieron correctamente al Evangelio en su vida terrenal. En *Stromata* (Libro 6, Capítulo 6) escribe:

> "Por lo cual Él [Cristo] predicó incluso a los que estaban en el Hades, que habían vivido en ignorancia, para que pudiese salvar a todos los hombres, si fuera posible, aun entre los gentiles, mediante Su aparición también allí".

El énfasis de Clemente aquí está en que Cristo predicó en el Hades, no solamente a los justos del Antiguo Testamento, sino incluso a gentiles que habían vivido en ignorancia. La frase "si fuera posible" deja el resultado abierto—sin garantizar una salvación universal, pero sugiriendo que algunos entre los ignorantes, incluso aquellos que murieron sin fe, podrían recibir misericordia después del juicio. Esto los convertiría en candidatos para una salvación no electa, ya que esta misericordia no se basa en las recompensas de la fe o de la santificación, sino posiblemente en alguna obediencia anterior a la ley natural o a la conciencia (cf. Romanos 2:14-16).

Nunca se dice de los elegidos que sean ignorantes de Cristo o del Evangelio, ni se dice que lleguen a la fe en el Hades. La perspectiva de Clemente reconoce una distinción entre los elegidos, que escapan al juicio (Juan 5:24), y otros que pueden entrar en el juicio, pero recibir misericordia por medios post mortem.

9. San Juan Damasceno (c. 675–749 d.C.)

San Juan Damasceno, aunque es un Padre de la Iglesia posterior, ofrece comentarios muy interesantes en su obra *Exposición exacta de la fe ortodoxa* (Libro IV, Capítulo 27), que parecen coincidir con un evento de predicación post mortem no limitado exclusivamente a los justos del Antiguo Testamento. Él escribe:

> "El Señor... descendió al Hades para sacar de allí las almas de los justos... Pero no rescató a todos, sino solo a aquellos que creyeron en Él".

Aquí, san Juan afirma un rescate selectivo desde el Hades, no universal. Es notable que menciona a "aquellos que creyeron en Él", no todos los cuales habrían tenido la oportunidad en vida. La implicación es que la fe ocurrió en el Hades, y solo entonces algunos fueron liberados. Esto concuerda con la idea de que el descenso de Cristo brindó una oportunidad para que algunos respondieran de manera póstuma.

Este tipo de respuesta no puede clasificarse como salvación de los elegidos, ya que nunca se dice de los creyentes elegidos que entren en juicio o en el Hades (Juan 5:24). Más bien, aquellos que son juzgados y luego rescatados después de creer—después de la muerte—se ajustan mejor a la categoría de una salvación no electa, ya que su liberación depende de la fe posterior a la muerte y no antes.

10. Clemente de Alejandría (c. 150–c. 215 d.C.)

Clemente de Alejandría se destaca como una de las voces teológicas más tempranas y desarrolladas que propone con claridad una forma de evangelización post mortem y la posible salvación de los muertos. En su obra *Stromata* (Libro VI, Capítulo 6), Clemente escribe:

> "Porque el Evangelio fue predicado incluso a los que estaban en el Hades… Y era necesario que los mejores de los discípulos fueran imitadores de su Maestro; de modo que aquellos que se habían arrepentido, aunque en el Hades, iban a ser salvos…"

Clemente afirma explícitamente la predicación del Evangelio en el Hades e incluso dice que el arrepentimiento en el Hades puede resultar en salvación. No se refiere solamente a los santos del Antiguo Testamento, sino que incluye a otros que se arrepienten en el Hades, dando a entender que anteriormente habían llevado vidas impías o rechazado el Evangelio durante su vida terrenal.

Esta cita refuerza aún más la posibilidad de una salvación para los no elegidos, ya que estos individuos son salvos después de que el juicio ha comenzado en el mundo espiritual, no por la fe en vida. Clemente distingue entre aquellos que son "elegidos" y aquellos que "se arrepienten después de la muerte", afirmando que la salvación todavía puede alcanzarse para algunos mediante la misericordia divina más allá de la tumba, aunque apartada de la Iglesia y de sus sacramentos.

11. San Juan Crisóstomo (c. 349–407 d.C.)

San Juan Crisóstomo, conocido por su fuerte estilo homilético, reconoce el misterio de la misericordia divina incluso en la vida después de la muerte. En su *Homilía sobre Filipenses 1:21–23*, comenta:

> "Quizás, en verdad, muchos que ahora están en el infierno, en lo más profundo del infierno, puedan entrar en el reino; porque Dios es poderoso".

Esta declaración no es alegórica ni poética, sino parte del énfasis más amplio de Crisóstomo en el poder absoluto de Dios para salvar a quien Él quiera—aun desde las profundidades del Hades. Crisóstomo no ofrece una garantía, pero abre la puerta a la esperanza para aquellos que están actualmente bajo condenación.

En el contexto de la salvación no electa, esta cita puede sugerir que ciertas personas condenadas—quizás creyentes caídos o incrédulos que mostraron misericordia en vida—podrían ser receptoras de la compasión divina de manera póstuma, aunque sin heredar los plenos privilegios de los elegidos. Él no implica que todos serán salvos, ni presenta una visión universalista, sino que reconoce excepciones concedidas por la misericordia soberana de Dios.

12. San Agustín de Hipona (354–430 d.C.)

Aunque a menudo se le malinterpreta como defensor de un modelo estricto de doble predestinación, san Agustín hizo varias observaciones matizadas con respecto al trato de Dios hacia los muertos. Un pasaje de su *Enchiridion* (Sobre la fe, la esperanza y el amor) aborda el destino de aquellos que no fueron alcanzados por el Evangelio:

> "Porque es incierto a quién Dios ha querido revelar esta gracia, y de qué manera la dispensa, especialmente en el caso de los niños, o de los hombres que no han oído el Evangelio y, sin embargo, han vivido de una manera que no es enteramente disoluta".

Esta afirmación muestra que Agustín no presumía limitar la misericordia de Dios a una categoría estricta de miembros visibles de la iglesia. Aunque afirma con fuerza la predestinación y rechaza el universalismo, reconoce la posibilidad de que Dios conceda misericordia a quienes están fuera de la iglesia, particularmente a aquellos que vivieron vidas moralmente íntegras a pesar de su ignorancia del Evangelio.

En relación con la salvación no electa, esta cita apoya la idea de que Dios puede extender una salvación menor o secundaria a ciertas personas que, sin ser parte de la Esposa elegida, respondieron de manera positiva a la luz de la conciencia o a la ley escrita en sus corazones (Romanos 2:14–16).

13. Clemente de Alejandría (c. 150–c. 215 d.C.)

Clemente ofrece una de las afirmaciones patrísticas más directas acerca de la evangelización post mortem. En *Stromata* y en *¿Quién es el rico que se salvará?*, él se refiere a la predicación del Evangelio a los muertos y conecta esto directamente con el descenso de Cristo al Hades:

> "¿Acaso [las Escrituras] no muestran que el Señor predicó el Evangelio a aquellos que perecieron en el diluvio, o más bien que habían sido encerrados en el Hades y allí guardados hasta Su descenso, para que pudiesen recibir perdón y ser salvos?"

La interpretación que Clemente hace de 1 Pedro 3:19 y de otros textos relacionados demuestra su convicción de que la salvación se extiende a ciertas almas muertas en el Hades, no simplemente para condenarlas, sino para ofrecerles esperanza. Él razona que la justicia de Dios exige tal oportunidad:

> "¿Cómo es justo que las almas perezcan sin haber oído la Palabra? No es justo. Por lo tanto, el Evangelio fue predicado también a los muertos".

Esta temprana afirmación debilita la idea de que la muerte fija irrevocablemente el estado eterno para todos los hombres. Clemente abre la puerta a una salvación post mortem limitada—no para todos, sino quizás para aquellos que nunca tuvieron una oportunidad genuina en vida o que, habiendo fallado durante su vida terrenal, aún podrían responder después de la muerte.

A la luz de esto, Clemente se convierte en un testigo histórico creíble de las posibilidades de salvación no electa, particularmente en el contexto del mundo espiritual: almas que reciben gracia no para la recompensa de la Esposa, sino para alguna medida de misericordia.

14. Orígenes de Alejandría (c. 185–c. 253 d.C.)

Orígenes es a menudo malinterpretado debido a las condenas posteriores de algunas de sus ideas teológicas; sin embargo, sus escritos permanecen entre las exploraciones más completas de los procesos post mortem en el cristianismo primitivo. En su *Comentario a Romanos* y en las *Homilías sobre Jeremías*, Orígenes enseñó que algún tipo de corrección o purificación continúa después de la muerte:

> "Cuando un alma deja este mundo teniendo aún algunas manchas, debe ser purificada antes de poder ver a Dios… esta purificación se realiza mediante castigos correctivos".

Esto no corresponde a la Salvación de los Elegidos, la cual ofrece una entrada inmediata al gozo del Señor y a la recompensa de la Primera Resurrección. Más bien, la visión de Orígenes implica una corrección gradual, que bien podría asemejarse a la idea de la Salvación de los No Elegidos: una misericordia extendida después del juicio pero fuera de la estructura de recompensa de la Esposa.

Él escribe en la *Homilía sobre Levítico*:

> "Dios desciende incluso al infierno para llevar el Evangelio a las almas, para que todos sean juzgados, pero algunos también sean salvos".

Tal enseñanza refleja 1 Pedro 4:6, donde se dice que el Evangelio fue "predicado aun a los muertos". El universalismo de Orígenes va más allá del marco teológico aquí propuesto, pero su reconocimiento de que algunos pueden ser salvos post mortem mediante el arrepentimiento y la misericordia divina coincide con una posible Salvación de los No Elegidos, especialmente para aquellos que no fueron malvados hasta la médula pero que aún estaban manchados.

La influencia de Orígenes en la teología alejandrina, reflejada en parte por Gregorio de Nisa posteriormente, hace que sus declaraciones deban ser tomadas en serio como apoyo patrístico a la misericordia en el mundo espiritual—aunque no automática, y ciertamente fuera de la glorificación de los Elegidos.

15. San Clemente de Alejandría (c. 150–c. 215 d.C.)

San Clemente, maestro de Orígenes y director de la Escuela Catequética de Alejandría, ofrece uno de los primeros marcos teológicos registrados para una evangelización post mortem dirigida a los muertos en el Hades. Su enseñanza se fundamenta en 1 Pedro 3:18–20 y 1 Pedro 4:6, y expresa la idea de que algunos que murieron en ignorancia del Evangelio reciben una oportunidad de creer después de la muerte:

> "Cristo predicó el Evangelio a los que estaban en el Hades... para que fueran juzgados en la carne según los hombres, pero vivan en espíritu según Dios".

Esto se alinea con precisión con el marco de una Salvación de los No Elegidos. Clemente distingue esta categoría de aquellos que son elegidos y salvos en esta vida, sugiriendo que la misericordia de Dios se extiende al ámbito invisible, sin implicar que todos la aceptarán.

En *Stromata* (Libro VI) afirma:

> "Los castigos de Dios son salvíficos y disciplinarios, conduciendo a la conversión, y prefiriendo el arrepentimiento antes que la muerte del pecador".

Una vez más, esto no es la Salvación de los Elegidos, que garantiza la glorificación y la liberación del juicio (Juan 5:24), sino que indica una misericordia post mortem gradual que puede conducir a la salvación de algunos. Incluso creía que ciertos paganos virtuosos—como Sócrates y Heráclito—habían recibido una porción del Logos y podían ser candidatos a una salvación póstuma:

"No es correcto pensar que tales hombres estuvieran sin una porción del Logos divino".

Este concepto—que aquellos que se esforzaron por la justicia podrían aún recibir luz—refleja lo que ahora definimos como Salvación de los No Elegidos. Estas almas no serían parte de la Esposa de Cristo, pero podrían estar entre las "naciones" salvas que caminan a la luz de la Nueva Jerusalén (Apocalipsis 21:24).

16. Origen of Alexandria (c. 184–c. 253 C.E.)

Orígenes, discípulo de san Clemente, amplió el marco alejandrino con una doctrina detallada de disciplina y corrección post mortem. Aunque gran parte de su teología especulativa fue condenada siglos después, sus escritos anteriores—especialmente los preservados antes del Quinto Concilio Ecuménico—poseen un gran valor histórico y ofrecen una visión del pensamiento de la Iglesia primitiva respecto al destino de las almas después de la muerte.

Orígenes escribe:

"Porque el alma, después de su partida de este mundo, será sometida al castigo correspondiente a sus pecados; este castigo se administra en proporción a la culpa y a la naturaleza de los pecados" (*De Principiis*, Libro II, 10).

Esto confirma un concepto de juicio medido después de la muerte, no un tormento eterno para todos, y respalda la idea de que algunos pueden pasar por el castigo hasta alcanzar una forma de salvación, especialmente si no formaron parte de los elegidos. Tales almas, purificadas por el fuego, pueden ser liberadas—pero no a la posición celestial de la Iglesia y ciertamente no a la Nueva Jerusalén. Orígenes sostiene que el propósito último del juicio no es la destrucción, sino la corrección.

Él continúa:

"El fuego de Dios no es un fuego consumidor de aniquilación, sino un fuego refinador que produce purificación moral".

Aunque el universalismo posterior de Orígenes es rechazado, la idea de que algunos reciben salvación fuera de la categoría de los Elegidos—especialmente después de la muerte y a través del juicio—encaja con la categoría de Salvación de los No Elegidos. Su imagen del fuego divino que disciplina y sana se asemeja a la escena de Apocalipsis 22:2, donde las naciones son sanadas, pero no glorificadas.

17. Dídimo el Ciego (c. 313–c. 398 d.C.)

Dídimo el Ciego, uno de los principales teólogos de Alejandría y sucesor en la escuela de Orígenes, desarrolló muchas de las líneas teológicas iniciadas por éste. Aunque rechazó ciertos extremos, enseñó la posibilidad de purificación y misericordia después de la muerte, especialmente para aquellos que no se habían endurecido por completo en el pecado.

En su comentario escribe:

> "Los castigos de Dios no se infligen para destruir, sino para convertir las almas de aquellos que son castigados. Porque aun en la Gehena, la corrección tiene como fin el arrepentimiento, no la venganza" *(Comentario al Salmo 88, fragmento preservado por Jerónimo).*

Esta cita está profundamente alineada con la posibilidad de salvación de los no elegidos. Dídimo no dice que esto se aplique a los escogidos—quienes, como se estableció antes, son librados de tal juicio (Juan 5:24)—sino a aquellos que entran en la Gehena, pero que aún pueden volverse a Dios después del castigo, reflejando la imagen del Pastor de Hermas acerca de las almas arrojadas fuera de la torre y, sin embargo, admitidas a una salvación inferior.

Aunque más tarde fue condenado junto con Orígenes, la postura de Dídimo no era marginal en su tiempo. Fue respetado por Atanasio y enseñó al mismo Jerónimo. La noción de que el castigo puede producir arrepentimiento en la vida venidera para algunos—distintos de aquellos que tuvieron plena fe salvadora en Cristo durante sus vidas—fortalece el argumento académico a favor de la salvación de los no elegidos.

18. Diodoro de Tarso (m. c. 394 d.C.)

Diodoro de Tarso, reconocido erudito bíblico y director de la escuela teológica de Antioquía, fue conocido por su enfoque literal-histórico de la interpretación y por haber sido maestro tanto de Juan Crisóstomo como de Teodoro de Mopsuestia. Aunque menos especulativo que los teólogos alejandrinos, Diodoro también afirmó una distinción entre diversos grados de juicio y esperanza después de la muerte.

En un fragmento conservado comenta:

> "Aun después de la muerte, hay lugar para la sanidad. Porque el Juez es justo y también bondadoso, y Sus juicios no siempre terminan en destrucción sino en restauración, conforme a la medida de cada uno" *(Fragmento citado en Leontio de Bizancio, Contra los Nestorianos y Eutiquianos, Libro 2).*

Esta idea abre una línea de interpretación plausible a favor de la salvación de los no elegidos, especialmente considerando a aquellos cuyas obras o conducta moral reflejaron en parte piedad, aunque sin pleno conocimiento de Cristo o sin un arrepentimiento completo. Su referencia a una sanidad después de la muerte—sin relacionarla con el estatus pleno de los escogidos—implica una forma secundaria de salvación, distinta del destino glorificado de la Iglesia.

Aunque la mayoría de sus escritos se ha perdido, el legado de Diodoro a través de sus discípulos dio forma a la teología de la Iglesia oriental. Si este concepto de un juicio restaurador después de la muerte para personas no elegidas tiene raíces en las enseñanzas de eruditos antiguos tan respetados como él, ello fortalece el testimonio histórico de que tal doctrina fue contemplada dentro de los límites de la ortodoxia.

19. Teodoro de Mopsuestia (c. 350–428 d.C.)

Teodoro de Mopsuestia, destacado teólogo de la tradición antioquena, continuó el método histórico-gramatical de interpretación heredado de su maestro Diodoro de Tarso. Aunque fue condenado póstumamente en el siglo VI por el llamado nestorianismo, su influencia en el pensamiento cristiano oriental fue considerable. Él también expresó un concepto que abre la puerta a la salvación de los no elegidos.

En su comentario a 1 Pedro, conservado en parte por fuentes siríacas posteriores, declara:

> "El castigo de los pecadores en la Gehena no es eterno. Fue diseñado para sanidad. La razón de esto es que los pecados y la maldad que había en ellos sean eliminados por completo. Porque Dios siempre busca llevar de vuelta a Sus criaturas a lo que es mejor" *(Citado en Teodoro de Mopsuestia: Comentario a las Epístolas Menores, fragmentos siríacos).*

Esta noción de un castigo diseñado para sanar, y no para la destrucción final, refuerza la idea de una salvación que tiene lugar después de una purificación postmortem—no en el sentido pleno y glorioso de los elegidos que reinan con Cristo, sino en una forma secundaria que resulta de la misericordia divina.

Teodoro enfatiza que Dios siempre busca la restauración de Su creación, lo que incluye aun a aquellos que entran en los fuegos del juicio. Esto se alinea con la categoría de los no elegidos: aquellos que pasan por la corrección divina y que, al arrepentirse, reciben una forma menor de salvación.

20. Didymus the Blind (c. 313–398 C.E.)

Dídimo el Ciego, un teólogo muy respetado de la escuela alejandrina y sucesor de Orígenes como director de la Escuela Catequética de Alejandría, ofrece declaraciones que también se alinean con el concepto de salvación de los no elegidos. Aunque más tarde fue anatematizado durante el Segundo Concilio de Constantinopla (553 d.C.) principalmente por sus tendencias universalistas percibidas, heredadas de Orígenes, sus escritos siguieron siendo influyentes en la teología cristiana primitiva.

En su tratado Sobre el Espíritu Santo, Dídimo escribe:

> "Los castigos del infierno no son eternos, cumplen un propósito disciplinario. Dios, quien creó a todos, finalmente restaurará a todas Sus criaturas a un estado de armonía, después de que hayan sido purificadas mediante el sufrimiento".

Esta naturaleza no definitiva del castigo vuelve a insinuar que el infierno o la Gehena tienen un propósito correctivo, no meramente retributivo para todos. Si bien Dídimo no promueve la glorificación igual para todos los salvados, su lenguaje sugiere una salvación gradual después del juicio: aquellos que pasan por los fuegos disciplinarios finalmente son restaurados por la misericordia de Dios.

Esta idea refuerza la distinción entre los elegidos, que escapan completamente del juicio (Juan 5:24), y aquellos que deben soportar la corrección antes de, posiblemente, ser salvados en calidad de no elegidos. Hace eco de los sentimientos expresados anteriormente en *El Pastor de Hermas* y en *1 Enoc*, donde se concede arrepentimiento a través del sufrimiento después del juicio.

21. San Gregorio de Nisa (c. 335–c. 395 d.C.)

San Gregorio de Nisa, uno de los tres Padres Capadocios, escribió extensamente sobre la escatología. Aunque muchas de sus afirmaciones son citadas posteriormente por los universalistas, aquí destacamos únicamente aquellas partes que podrían interpretarse—sin afirmar el universalismo—

como un apoyo a la salvación de los no elegidos, especialmente en el contexto de un arrepentimiento después del juicio para algunos, pero no necesariamente para todos.

En su obra *Sobre el alma y la resurrección*, declara:

> "Purificada del mal, el alma comienza a ver la verdad y, siendo así conducida a la luz, entonces recibirá lo que es propio de su naturaleza. Porque el mal debe ser totalmente quitado, no como algo que coexiste eternamente con el bien, sino como algo que ha de ser enteramente eliminado y destruido".

Esto refleja el mismo patrón visto en testimonios anteriores: una purificación posterior a la muerte, no dentro de la Iglesia (la Torre) ni en la clase de los elegidos, sino posiblemente como parte de un orden distinto de salvación—después del juicio y del fuego. El lenguaje de "ser conducida a la luz" después de la purificación implica una transición de la condenación a la restauración que ocurre más allá de esta vida, lo que corresponde al modelo de salvación post-juicio de los no elegidos.

Aunque la teología de Gregorio se inclinaba en su conjunto hacia una restauración universal, esta cita particular puede considerarse, con cautela, dentro del marco de un arrepentimiento limitado de los no elegidos después del castigo, sin forzarla en la categoría de salvación universal. Permanece coherente con la posibilidad histórico-gramatical de que algunos puedan ser salvos después del juicio, pero no en calidad de elegidos.

22. San Basilio el Grande (c. 329–379 d.C.)

Aunque no fue tan especulativo en materia escatológica como su hermano Gregorio de Nisa, San Basilio el Grande, otro de los Padres Capadocios, ofrece afirmaciones que pueden entenderse como una apertura a la misericordia salvadora después de la muerte—pero no de manera universal, y ciertamente no dentro de la clase de los elegidos.

En Sobre el Espíritu Santo y en varias homilías, Basilio defiende la justicia de Dios al castigar el pecado, pero también escribe:

> "El castigo no tiene como fin la venganza, sino la corrección. Es la reforma del alma y la eliminación de los defectos".

Esta doctrina de castigo correctivo, más que de tormento eterno, se ajusta estrechamente al concepto de la salvación de los no elegidos después de una corrección o purificación postmortem. Bajo esta perspectiva interpretativa, la teología de Basilio deja espacio para que algunos sean restaurados después del castigo, no porque fueran elegidos, sino porque el fuego disciplinario cumplió su propósito al producir arrepentimiento.

Además, Basilio sostiene con claridad la recompensa distintiva de los elegidos, lo que hace improbable que considerara que todos los hombres alcanzan el mismo destino. De modo que, si el castigo puede ser restaurador y no todos logran la gloria más alta, entonces un nivel inferior de salvación—fuera de la Torre, como diría Hermas—permanece como una posibilidad teológica.

23. San Gregorio Nacianceno (c. 329–390 d.C.)

San Gregorio Nacianceno, también parte del trío de los Padres Capadocios y honrado como "El Teólogo", hace algunas observaciones clave que sugieren misericordia más allá de la muerte para algunos, especialmente al presentar la justicia divina como templada por el amor. Su teología no afirma una salvación universal, pero ofrece indicios de esperanza para un arrepentimiento o cambio póstumo en ciertas almas.

En la *Oración 45 (Sobre la Santa Pascua)* declara célebremente:

"Dios no será vencido por el mal. Él vence el mal con el bien. Porque Dios no castiga por el castigo en sí, sino para corrección".

Aunque esta afirmación confirma la realidad del castigo divino, lo presenta como correctivo y no meramente retributivo, sugiriendo cierto grado de esperanza más allá de la condenación inmediata. Esto encaja con el concepto de que personas no elegidas, después de enfrentar la corrección divina en la vida venidera (como en el Hades o en el lago de fuego), podrían llegar a alcanzar una forma de salvación—aunque no la gloriosa recompensa de los elegidos.

Gregorio nunca enseña el universalismo. Su énfasis permanece en el arrepentimiento, la santidad y el juicio final. Pero al describir el castigo como reformador, y no definitivo en su naturaleza para todos, deja espacio para una categoría de salvación de los no elegidos: reservada para los corregidos, no para los que permanecen impenitentes.

24. San Efrén el Sirio (c. 306–373 d.C.)

San Efrén, uno de los más grandes teólogos e himnógrafos de la iglesia de lengua siríaca, expresó con frecuencia una profunda reverencia por la justicia y la misericordia divinas, y a veces, en un lenguaje poético y meditativo, imaginó un perdón póstumo. Sus intuiciones no constituyen una doctrina sistemática, pero sus expresiones reflejan en ocasiones una esperanza para las almas más allá de la muerte.

En uno de sus *Himnos del Paraíso* (Himno VII), escribe:

> "Quizás los pecadores sean azotados por un tiempo, y después de haber sido atormentados, serán liberados".

Aunque San Efrén no enseña la seguridad eterna ni la redención universal, esta declaración reconoce un castigo temporal en la otra vida—azotes o tormento—tras el cual es posible la liberación. Tal lenguaje respalda de manera clara el concepto de que algunos pecadores sufren un juicio limitado después de la muerte, pero no se pierden para siempre.

Esta "liberación" no es hacia la misma gloria que reciben los elegidos, sino que implica una categoría de salvación para los no elegidos: almas que no alcanzaron la medida de los elegidos, pero que finalmente no fueron abandonadas debido a la compasión perdurable de Dios.

25. San Macario el Grande (c. 300–391 d.C.)

San Macario, un padre del desierto egipcio conocido por su profunda vida espiritual y su santidad práctica, presenta en sus homilías pensamientos notables que tienen implicaciones respecto a la posibilidad de arrepentimiento o purificación después de la muerte—aunque, al igual que los padres anteriores, se expresa en un tono espiritual y místico más que en una estructura doctrinal formal.

En la Homilía 43, atribuida a Macario, leemos:

> "Si los que están en la Gehena, aun allí, se arrepintieran de todo corazón y clamaran a Dios, Él tendría misericordia de ellos… aun en el infierno, el Dios compasivo aceptaría su arrepentimiento".

Esta profunda afirmación declara explícitamente la posibilidad de que la misericordia se extienda incluso en la Gehena, no basada en un arrepentimiento previo a la muerte, sino en un arrepentimiento que pudiera ocurrir en la vida venidera. Esto no puede referirse a los elegidos, quienes no son juzgados en la Gehena, sino a personas no elegidas que, soportando el juicio, podrían aún responder correctamente.

La implicación es que, si bien el castigo es real y la justicia divina es inflexible, la puerta de la misericordia divina permanece abierta siempre que el corazón se vuelva genuinamente a Dios. Esto se alinea con el modelo de salvación de los no elegidos: individuos fuera del grupo de los elegidos, juzgados en el mundo espiritual, pero a quienes se muestra misericordia si finalmente se arrepienten en medio de ese juicio.

26. San Isaac de Nínive (c. 613–c. 700 d.C.)

San Isaac el Sirio, también conocido como Isaac de Nínive, ofrece algunas de las reflexiones más profundas y compasivas que se encuentran en la literatura patrística. Aunque escribió varios siglos después de los primeros padres y desde una perspectiva monástica, sus palabras son consideradas con frecuencia como una ventana a las posibilidades más hondas de la obra de Dios en las almas, especialmente en lo que respecta a la misericordia divina.

Él escribe:

> "Así como un puñado de arena arrojado al gran mar, así son los pecados de toda carne en comparación con la mente de Dios; y así como una fuente que fluye con fuerza no es obstruida por un puñado de polvo, de igual manera la compasión del Creador no es vencida por la maldad de sus criaturas".

La expresión de San Isaac afirma que la misericordia de Dios es tan infinitamente vasta que ni siquiera la mayor acumulación de pecado puede obstaculizar Su compasión. Aunque esta declaración no menciona de manera explícita el Hades o el lago de fuego, encaja con la arquitectura teológica de la salvación de los no elegidos: podría haber almas juzgadas y castigadas en la vida venidera cuya maldad sea finalmente vencida por la abundante compasión de Dios si se vuelven a Él.

San Isaac no define quiénes son estas personas ni las llama elegidas. Su énfasis está más bien en el alcance ilimitado del amor divino y en su capacidad para extenderse más allá del tiempo y del juicio, lo cual respalda nuevamente esta categoría de salvación por medio de un arrepentimiento posterior al juicio, consistente con la posibilidad de que algunos no elegidos sean salvados después del juicio en el mundo espiritual.

27. San Macario el Grande (c. 300–c. 391 d.C.)

San Macario de Egipto, padre del desierto y líder monástico, es citado con frecuencia por sus escritos profundamente místicos y pastorales, algunos de los cuales parecen implicar una visión más amplia del plan redentor de Dios. En una de las homilías que se le atribuyen, Macario reflexiona sobre el poder transformador de la luz divina, incluso hacia aquellos que están bajo juicio:

> "Hay dentro del corazón un lugar de ardor y también un lugar de luz. El Señor viene, incluso a los lugares más bajos y oscuros, para despertar el alma".

Aunque esto no constituye una afirmación doctrinal explícita acerca de la salvación desde el Hades o la Gehena, Macario parece enseñar que el Espíritu de Dios no está limitado y que la iluminación divina puede llegar incluso a los lugares más ocultos del alma: lugares asociados con la oscuridad, la esclavitud y quizás hasta con la condenación posterior a la muerte.

Al presentar el corazón como conteniendo tanto un "lugar de ardor" como un "lugar de luz", introduce un concepto dual que puede simbolizar el castigo y la renovación, tanto en esta vida como después de ella. Su afirmación de que "el Señor viene… incluso a los lugares más bajos y oscuros" resuena con la idea de que la misericordia de Dios puede penetrar reinos como el Hades, ofreciendo una oportunidad de despertar.

Nuevamente, esto no se refiere a la salvación de los elegidos. A los elegidos se les describe como plenamente transformados en la primera resurrección y no experimentan oscuridad ni castigo (cf. Apocalipsis 20:6). Pero si San Macario está hablando de una iluminación posterior para aquellos que están en lo profundo—especialmente en un contexto de fuego purificador—esto se alinea con el marco de la salvación de los no elegidos, como una misericordia posterior al juicio concedida a ciertas almas.

28. San Gregorio Nacianceno (c. 329–c. 390 d.C.)

San Gregorio Nacianceno, uno de los más venerados Padres Capadocios, ofrece una declaración particularmente notable en su *Oración 45*, pronunciada con ocasión de la Pascua. Afirma el descenso de Cristo al Hades y amplía las implicaciones de este acto con una notable apertura:

> "Quizás Él te esté purificando ahora mismo en el fuego, en ese fuego que no es eterno sino por un tiempo, el cual se aplica con sabiduría, tal como Aquel que es el Juez, conociendo las razones de las cosas, lo aplica".

Esta declaración de Gregorio distingue claramente entre la condenación eterna y un fuego purificador temporal. Su uso de la frase "no es eterno sino por un tiempo" sugiere con fuerza que algunas almas soportan una forma de juicio correctivo, no como una condenación definitiva, sino como purificación. Es importante destacar que él afirma que este fuego purgativo es administrado sabiamente por el Juez, quien "conoce las razones", lo que insinúa una justicia divina equitativa y la posibilidad de redención incluso más allá de la muerte.

Gregorio no ubica a estas almas dentro de la Iglesia ni en la resurrección de los justos, por lo que esta idea se entiende mejor como una salvación de los no elegidos: un castigo temporal que culmina en misericordia, sin alcanzar el estatus glorificado de los elegidos.

Su postura tampoco apoya el universalismo, ya que restringe esta misericordia a algunos y sigue afirmando que para otros el fuego podría ser eterno. Sin embargo, para aquellos que son juzgados como dignos de purificación, Gregorio admite la posibilidad de restauración, un pensamiento compatible con la categoría de los no elegidos que son purificados y luego reciben algún tipo de vida post-resurrección fuera de la ciudad celestial.

29. San Basilio el Grande (c. 329–379 d.C.)

San Basilio, hermano de Gregorio de Nisa y estrecho colaborador de Gregorio Nacianceno, también parece dejar espacio para una visión escalonada de los resultados postmortem. En su *Homilía sobre el Salmo 28 (29)*, declara:

> "Cuando el justo Juez se siente, Él pesará nuestras obras y dará a cada uno lo que le corresponde: a unos los purificará aquí, a otros allá, para que sean salvos como por fuego".

Esta frase, "para que sean salvos como por fuego", toma su inspiración de 1 Corintios 3:15 y refleja la interpretación que anteriormente se encuentra tanto en Gregorio Nacianceno como en Orígenes, aunque Basilio es más prudente que Orígenes. Él no afirma que todos serán purificados o salvados, sino que algunos pueden ser salvados de manera ardiente—una clara implicación de un escenario de salvación para los no elegidos.

Basilio no enseña una salvación universal, pero sí señala una diferencia en el juicio y en el resultado final, dependiendo de las obras de cada persona. Aquellos que son "purificados allá"—es decir, en el mundo espiritual o en un contexto posterior a la muerte—no son contados entre los elegidos que reinan, sino posiblemente entre los salvados que deben pasar por un castigo temporal.

El lenguaje de Basilio no es meramente especulativo. Habla con certeza pastoral de que la justicia de Dios no es arbitraria, sino proporcional y reformadora para algunos. Esto encaja con el modelo de aquellos que son salvados fuera de la Torre de la Iglesia, colocados en un estado inferior pero aún redentor—no en el Cielo, pero librados de la destrucción eterna.

30. San Juan Crisóstomo (c. 347–407 d.C.)

San Juan Crisóstomo, célebre por su valiente predicación y claridad teológica, aunque a menudo es interpretado como un firme defensor del juicio estricto, ofrece sin embargo una ventana significativa hacia una posible salvación de los no elegidos cuando reflexiona sobre 1 Corintios 3:15. En sus *Homilías sobre la Epístola a los Corintios*, interpreta la frase de Pablo: "él mismo será salvo, aunque así como por fuego", de la siguiente manera:

> "Porque en verdad es salvo, pero como por fuego; es decir, con dificultad. Pues es imposible que un hombre que ha llevado una vida descuidada sea hecho inmediatamente igual al que ha vivido con exactitud. Dios lo salva, pero lo salva de esta manera: como por fuego, quitándole sus placeres y obligándolo a sufrir cosas penosas".

Aquí Crisóstomo afirma que la salvación puede ocurrir mediante el sufrimiento y la corrección divina. Es importante destacar que este castigo no es aniquilación ni una condenación punitiva, sino un medio para purgar el pecado e inculcar justicia—un eco de la imagen del *Pastor de Hermas* de "arrepentirse en el fuego del castigo" y ser colocado en una categoría inferior, fuera de los elegidos.

Él distingue entre aquellos que vivieron rectamente y aquellos que fueron descuidados o negligentes en su caminar, señalando que los descuidados aún pueden ser salvos, pero no de la misma manera ni con la misma gloria que los fieles. Esto implica una escatología graduada, con algunos salvados para una gloria o posición inferior, distinta de la primera resurrección de los elegidos.

31. San Basilio el Grande (c. 330–379 d.C.)

San Basilio, uno de los principales Padres Capadocios, aborda el juicio divino y la misericordia en su *Homilía sobre el Salmo 33*, donde reflexiona sobre el sufrimiento que soportan los malvados y la posibilidad de una eventual restauración:

> "Las tribulaciones que se infligen con fines de sanidad no son castigos en sentido propio, sino correcciones y disciplinas

administradas para la salvación. Así como en el caso de los cuerpos enfermos se aplican cauterizaciones y cirugías no para destruir, sino para salvar la vida, de igual manera los males que sobrevienen a los pecadores buscan convertir el alma".

Aunque San Basilio no se refiere explícitamente a la salvación después de la muerte ni al Hades, esta cita subraya un principio teológico que se alinea con la posibilidad de salvación de los no elegidos: a saber, que los castigos de Dios pueden tener como fin corregir y no condenar. Su analogía con la cirugía sugiere un propósito en última instancia restaurador detrás de la disciplina divina, aun cuando sea severa.

La implicación es que algunos pecadores, incluso después de un juicio temporal, pueden ser conducidos al arrepentimiento y a la salvación, aunque no necesariamente a la gloria de los elegidos en la Iglesia. Esto hace eco de la presentación que ofrecen *El Pastor de Hermas* y *1 Enoc* acerca del arrepentimiento posterior al juicio mediante el sufrimiento, apuntando posiblemente a una categoría de salvación de los no elegidos coherente con el quiliasmo.

32. San Gregorio de Nisa (c. 335–c. 395 d.C.)

San Gregorio de Nisa, el hermano menor de San Basilio, ofrece una de las articulaciones patrísticas más claras que podrían respaldar un modelo de salvación para los no elegidos, especialmente en sus reflexiones teológicas sobre la purificación después de la muerte. En su obra *Sobre el alma y la resurrección*, afirma:

> "Al ser purgada del mal mediante el sufrimiento, en la medida en que merezca ser limpiada, el alma será restaurada a su condición original de pureza. Porque si el mal es una enfermedad del alma, y si la enfermedad no permanece en el cuerpo después de haber sido restablecida la salud, tampoco el mal permanecerá en el alma después de la expulsión de su impureza".

Gregorio habla en forma metafórica, comparando la corrupción del alma con una enfermedad y vislumbrando su sanidad final a través del sufrimiento. La implicación es que algunas almas—aunque no estén contadas entre los elegidos en la primera resurrección—pueden ser purificadas y salvadas en una capacidad distinta.

Esta purificación, a diferencia de la plena recompensa de los santos, no restaura honor ni estatus, sino que limpia al alma hasta devolverla a un estado básico de vida. Esto coincide con la categoría propuesta de la salvación de los no elegidos: una salvación que ocurre después del juicio y por medio del sufrimiento, no en la honra de la Iglesia, pero sí concedida por la gracia y misericordia de Dios.

33. San Basilio el Grande (c. 330–379 d.C.)

San Basilio el Grande, aunque es conocido por su defensa de la doctrina ortodoxa y por afirmar la realidad del castigo eterno, deja espacio para un matiz interpretativo en sus comentarios acerca de la purificación de ciertas almas. En su *Homilía sobre el Salmo 28 (29)*, Basilio sugiere:

> "En el temor del Señor hay una confianza de fortaleza. No es sin propósito este temor que nos enseña a evitar el castigo, porque es por medio de este temor que algunos son llevados a la compunción y al arrepentimiento. Y el fuego del juicio, que devora a los adversarios, no está exento de la purificación de aquellos que son salvos por el fuego".

Aunque él afirma que el fuego del juicio "devora a los adversarios", también hace una distinción al decir que algunos son salvos por el fuego. Basilio hace referencia a 1 Corintios 3:15, donde la obra de un hombre es quemada, pero él mismo es salvo "aunque, así como por fuego". Esto abre la posibilidad de una salvación que tiene lugar después del juicio, no antes de él, y no necesariamente dentro de la Torre o el contexto de la Iglesia de los elegidos.

Así, el reconocimiento de Basilio de que algunos pueden ser "salvos por el fuego" sin disfrutar de la recompensa de los fieles concuerda con la posibilidad de una salvación de los no elegidos: almas que no son arrojadas a la destrucción final, sino que pasan por una purificación post-mortem aparte de la gloria y la herencia de los santos.

34. San Gregorio de Nisa (c. 335–c. 395 d.C.)

San Gregorio de Nisa presenta uno de los testimonios más llamativos entre los Padres de la Iglesia al hablar de la purificación después de la muerte, lo cual puede coincidir con el modelo de salvación de los no elegidos. En su obra *Sobre el alma y la resurrección*, Gregorio escribe:

> "Cuando, después de largos períodos de tiempo, el mal haya sido erradicado y la naturaleza de todas las cosas restaurada a su condición original, entonces Dios será todo en todos... [y] toda alma será unida a la bienaventuranza de la vida divina".

ESPERANZA MÁS ALLÁ DE LOS ELEGIDOS

Aunque algunos intérpretes utilizan este pasaje para promover el universalismo, Gregorio no niega explícitamente el juicio, el castigo ni el fuego del infierno. Lo notable es que habla de que las almas llegan finalmente a unirse a la vida divina después de una purificación, aun cuando su camino inicial haya sido de rechazo o de juicio.

También dice:

> "El alma que se ha apartado del bien y se ha arraigado en lo material y sensual debe ser purgada por medio del sufrimiento, para que pueda ser restaurada a su condición original".

Esto sugiere que la restauración después del sufrimiento es posible—no una restauración a la recompensa de los elegidos ni a la herencia de la Iglesia, sino a una forma inferior de vida en sumisión al orden divino. Tales declaraciones no implican igualdad en la salvación con los elegidos, sino que pueden reflejar un estado purificado y menor, consistente con la salvación de los no elegidos, especialmente si se distingue entre entrar en los Nuevos Cielos y entrar en la Nueva Tierra (Apocalipsis 21:1, 24–27).

35. Dídimo el Ciego (c. 313–398 d.C.)

Dídimo el Ciego, discípulo de Orígenes y uno de los principales teólogos de la tradición alejandrina, también expresó pensamientos que se alinean con la idea de una salvación después de la muerte—no necesariamente para los elegidos, sino para ciertas almas juzgadas que son purificadas mediante la justicia divina.

En su comentario a 1 Pedro (fragmentario), Dídimo escribe:

> "Los castigos de Dios son salvadores y no puramente retributivos, pues son para corrección, no para destrucción. Incluso los que son arrojados a la Gehena no están fuera del alcance de la misericordia divina".

Esta visión no equivale a la salvación de los elegidos descrita en Juan 5:24 o Apocalipsis 20:6, donde no hay segunda muerte ni juicio para los que son hallados dignos en Cristo. Más bien, Dídimo reconoce que algunas almas pasan por el castigo divino después de la muerte, pero finalmente son restauradas por la misericordia de Dios. Esto califica como redención o rehabilitación postmortem, pero no como herencia de recompensa ni reinado en el reino.

En otro pasaje (citado por Jerónimo en la *Epístola 84*), Dídimo sugiere que:

"Incluso el diablo podría eventualmente ser salvo".

Aunque esa afirmación en particular fue condenada posteriormente, el contexto más amplio muestra la convicción de Dídimo de que ninguna alma está fuera del alcance de la corrección divina. Teológicamente, esto puede abrir la posibilidad de una salvación para los no elegidos: no una restauración a la gloria, sino una liberación de la ruina final para algunos, después del fuego y la disciplina.

36. Jerónimo (c. 347–420 d.C.)

Aunque Jerónimo suele mostrarse más cauto que Orígenes o Dídimo, incluso él habla en algunas ocasiones de una misericordia divina que se extiende más allá de esta vida—no de una manera que afirme la salvación universal, sino reconociendo grados de castigo y la posibilidad de redención para algunas almas después de la muerte.

En su comentario sobre Isaías 66:24, Jerónimo señala:

> "Algunos serán salvos por el fuego. No todos los que son juzgados son consumidos para siempre, sino que algunos son sanados por medio del castigo, así como el oro es refinado en un horno".

Aquí Jerónimo retoma la metáfora de la purificación por medio del fuego—similar a 1 Corintios 3:15, que habla de un hombre cuya obra es quemada, "si bien él mismo será salvo, aunque, así como por fuego". En la comprensión de Jerónimo, este fuego no es un tormento eterno para todos, sino que actúa como un medio de corrección para algunos.

Esto no se relaciona con los elegidos de la primera resurrección, quienes evitan por completo el juicio (Juan 5:24; Apocalipsis 20:6). Más bien, puede entenderse como una categoría de almas que son juzgadas, pero no finalmente condenadas, lo que apunta a que los no elegidos puedan ser refinados y librados de la destrucción final.

37. Agustín de Hipona (354–430 d.C.)

Aunque Agustín es un teólogo fundamental en la formulación de la doctrina del castigo eterno, también reconoce que no todo castigo es perpetuo. Si bien rechaza firmemente la visión universalista de Orígenes, admite que algunas almas pueden ser salvadas después de un castigo temporal, lo que sugiere una categoría que podría encajar en la posibilidad de salvación de los no elegidos.

En su *Enquiridión sobre la fe, la esperanza y el amor*, Agustín escribe:

> "Algunos hombres serán salvos por el fuego: no porque escapen al dolor, sino porque su dolor conduce a la purificación".

Y comenta además:

> "Hay algunos que no son tan malvados como para merecer ser condenados para siempre, ni tan buenos como para ser admitidos de inmediato en la comunión de los bienaventurados".

Esta visión matizada—que reconoce una categoría intermedia de almas que no son completamente malvadas ni plenamente justas—deja espacio para una purificación después de la muerte que no pertenece a los elegidos (quienes no enfrentan condenación alguna, Juan 5:24) ni a los réprobos (quienes son condenados permanentemente). Si tales personas son purificadas y finalmente salvadas, no en la posición de los elegidos sino en un estado inferior, esto podría coincidir con la posibilidad de salvación de los no elegidos que se viene considerando.

38. Jerónimo (c. 347–420 d.C.)

Jerónimo, traductor de la Vulgata latina y formidable erudito bíblico, también deja entrever la posibilidad de una salvación posterior a la muerte para algunas almas. Aunque no lo afirma de manera dogmática, reconoce la idea de que ciertas almas pasan por un castigo temporal y luego son liberadas, aunque no necesariamente para entrar en la gloria reservada a los santos.

En su comentario sobre Isaías 66:24, que describe el fuego y el gusano de los condenados, Jerónimo comenta:

> "Esto no significa que sean atormentados para siempre, sino por mucho tiempo, como si no tuviera fin, de acuerdo con la duración apropiada a la medida de sus pecados".

Aunque Jerónimo no define el estado final de esas almas como celestial, sus palabras abren la posibilidad de que no todo castigo sea eterno y de que algunos sean corregidos o purificados de manera proporcional. Esto concuerda bien con la idea de una salvación de los no elegidos que sigue a la justicia divina y que concede una futura liberación de la condenación, sin los plenos privilegios de la gloria de los elegidos.

39. Agustín de Hipona (354–430 d.C.)

Aunque Agustín suele ser citado como la voz más firme en favor de la eternidad del castigo, en sus primeros escritos se encuentran matices en cuanto a la finalidad y uniformidad de los castigos en el infierno. En particular, su obra temprana *Enquiridión sobre la fe, la esperanza y el amor* incluye un pasaje que muchos han citado como indicativo de algún tipo de misericordia gradual, aunque no para los elegidos:

> "Pero los castigos temporales son sufridos por algunos solo en esta vida, por otros después de la muerte, y por otros tanto ahora como entonces; pero todos ellos antes de aquel juicio último y más severo. Sin embargo, no todos los que han de padecer castigos temporales serán después librados de ellos".

Aquí Agustín reconoce castigos temporales después de la muerte que preceden al juicio final, sugiriendo que algunos serán librados de ellos, aunque no todos. Él distingue entre estos castigos temporales y el "juicio último y más severo", que corresponde al lago de fuego mencionado en Apocalipsis. Esto puede indicar un juicio en el mundo espiritual, en el Hades, del cual algunos son liberados, reflejando el modelo de salvación de los no elegidos— distinto de aquellos que son llevados a la vida eterna como los elegidos.

40. Agustín de Hipona (continuación)

En *La ciudad de Dios*, Libro XXI, capítulo 13, Agustín vuelve a tratar el tema de la naturaleza del castigo futuro, pero con una distinción sutil que podría dejar un espacio para la salvación de los no elegidos en casos excepcionales. Él escribe:

> "Hay algunos, en verdad, que suponen que quienes han de ser castigados de este modo, después de un tiempo, serán liberados de sus sufrimientos… cuya opinión, si no es verdadera, ciertamente es misericordiosa".

Aunque finalmente rechaza esta idea a favor de la visión tradicional de un castigo eterno para los réprobos, no califica esta postura misericordiosa como herética ni como contraria a la fe. Más bien, la llama "ciertamente misericordiosa". Esto podría sugerir que incluso Agustín estaba abierto a considerar este concepto en teoría, aunque no lo adoptara como doctrina.

Así, en esta etapa temprana del desarrollo de la teología occidental, Agustín conserva un lenguaje que deja entrever la posibilidad de un sufrimiento postmortem temporal del cual algunos podrían ser liberados, lo que se alinea de manera general con el concepto de la salvación de los no elegidos mediante el juicio y el arrepentimiento en el mundo espiritual, aunque él personalmente prefirió el modelo más estricto y eterno.

41. Agustín de Hipona (nota final relacionada)

En el *Enquiridión sobre la fe, la esperanza y el amor*, capítulo 112, Agustín habla acerca de aquellos que son salvos "como por fuego", haciendo referencia a 1 Corintios 3:15:

> "Algunos serán salvos, pero como por fuego... en verdad serán salvos, pero solamente como a través del fuego. Es decir, serán salvos, pero será como por fuego; porque su edificación no ha sido de los mejores materiales".

Agustín aplica esto a cristianos cuyas obras son deficientes, aunque aun así son salvos. Si bien esto se relaciona principalmente con los elegidos, el principio de que uno puede ser salvo después de pasar por el fuego divino aporta una idea fundamental que puede sustentar el marco de la salvación de los no elegidos, especialmente para aquellos que no caminaron rectamente, pero respondieron de manera imperfecta a la verdad.

Esto respalda la idea de que el fuego puede ser, para algunos, una fuerza purificadora y no aniquiladora: una prueba necesaria para entrar en un estado de salvación inferior, lo cual concuerda con la imagen del *Pastor de Hermas* de "un lugar mucho más inferior" para aquellos que no forman parte de la "Torre" de los elegidos".

42. Conclusión del análisis patrístico en el Ensayo 9

De estas múltiples fuentes—que abarcan desde la literatura apocalíptica (*1 Enoc*), las visiones cristianas primitivas (*El Pastor de Hermas*) y los escritos de destacados padres de la Iglesia (San Ambrosio, Clemente de Alejandría, Orígenes, Metodio, Gregorio de Nisa e incluso Agustín)—se observa un patrón recurrente: el arrepentimiento y la salvación extendidos más allá de esta vida en ciertos casos excepcionales. Aunque estos casos no corresponden a la **salvación de los elegidos**, la cual evita por completo todo juicio en el mundo espiritual (Juan 5:24; Apocalipsis 2:11), sí implican una esperanza de salvación post-mortem distinta de las recompensas y la resurrección de los justos.

Lo más notable es que la salvación de los no elegidos nunca se describe con la misma gloria, autoridad o intimidad reservada para los elegidos en la primera resurrección. Por el contrario, siempre se habla de ella como de un estado menor en honor, y normalmente como consecuencia del castigo divino, del arrepentimiento o del reconocimiento de la verdad después de contemplar el juicio. Esta categoría podría incluir a gentiles justos, a quienes tropezaron, pero conservaron algo de caridad, o a quienes oyeron el Evangelio, pero retrocedieron.

Los propios padres de la Iglesia nunca afirmaron que estos fueran iguales a los que reinan con Cristo. Más bien, dejaron abierta la posibilidad de que algunas almas fueran salvas después del juicio, aunque no dentro de la Iglesia, y siempre por la misericordia de Dios, no por promesa del pacto.

CAPÍTULO 10 El Bautismo de Fuego

Esta visión triádica coincide con un versículo bíblico menos citado que dice: "Sed benignos y misericordiosos, como también vuestro Padre es benigno y misericordioso, y hace salir Su sol sobre los pecadores, los justos y los impíos". Tal división abre la puerta a un posible modelo interpretativo donde los pecadores podrían ser salvos a través del fuego, los impíos permanecen sin salvación, y los justos son salvos sin juicio. Esta propuesta interpretativa se presenta como un marco para comprender el **Bautismo de Fuego** mencionado en Mateo 3.

El pasaje principal para esta doctrina dice: "Yo a la verdad os bautizo en agua para arrepentimiento; pero el que viene después de mí es más poderoso que yo, y no soy digno de llevarle las sandalias; Él os bautizará en Espíritu Santo y fuego. Su aventador está en Su mano, y limpiará completamente Su era, y recogerá Su trigo en el granero; pero quemará la paja en fuego que nunca se apagará". Este versículo contiene tanto misericordia como juicio: el trigo es recogido a salvo, mientras que la paja es consumida.

La interpretación que hace **San Gregorio Nacianceno de 1 Corintios 3:15** —"Si la obra de alguno se quema, sufrirá pérdida; si bien él mismo será salvo, aunque, así como por fuego"— es especialmente relevante. Gregorio vincula este pasaje con los herejes novacianos, quienes rechazaron a la Iglesia y siguieron su propio camino. A este proceso él lo llama un "último Bautismo", más doloroso y prolongado que el bautismo terrenal. Sus palabras son impactantes:

"Que estos hombres, si quieren, sigan nuestro camino, que es el camino de Cristo; pero si no quieren, que sigan el suyo propio. Tal vez en ese camino serán bautizados con Fuego, en aquel último Bautismo que es más doloroso y más largo, el cual devora la madera como la hierba y consume la paja de toda maldad".

Este fuego, al estar relacionado con **1 Corintios 3**, no es para los elegidos —quienes ya han pasado de muerte a vida sin condenación (**Juan 5:24**)—, sino para aquellos que se desviaron o resistieron el camino de Cristo. Por lo tanto, si algunos son salvos por medio del fuego, esto solo puede entenderse como un escenario de salvación de los no elegidos.

Gregorio lo diferencia aún más al describir dos fuegos: un fuego purificador para algunos y un fuego vengador para otros. En sus palabras:

"Porque yo conozco un fuego purificador que Cristo vino a traer sobre la tierra, y Él mismo es llamado en sentido figurado un Fuego... Pues todo esto pertenece al poder que destruye; aunque algunos prefieren incluso aquí tomar una visión más misericordiosa de este fuego, digna de Aquel que castiga".

Luego Gregorio describe claramente el otro tipo de fuego:

"Conozco también un fuego que no es purificador, sino vengador; ya sea aquel fuego de Sodoma que Él derrama sobre todos los pecadores, mezclado con azufre y tormentas; o aquel que está preparado para el diablo y sus ángeles; o aquel que procede del rostro del Señor y consumirá a Sus enemigos alrededor; y aún uno más temible que todos estos: el fuego inextinguible que va acompañado del gusano que no muere y que es eterno para los impíos. Porque todos estos pertenecen al poder que destruye".

En resumen, la distinción que hace Gregorio entre un fuego purificador y un fuego vengador abre un espacio conceptual para que individuos no-electos —específicamente herejes y quizá incluso incrédulos— puedan ser salvos mediante el fuego, a través de la corrección. Este fuego purificador, aunque no está destinado a los justos, preserva a algunos de la ruina eterna, siempre que no estén endurecidos y condenados como los impíos. Tal posibilidad, implícita en el texto patrístico y armonizada con la Escritura, apunta a una salvación no-electa que ocurre después del Juicio en el Mundo Espiritual.

Entre los principales Padres de la Iglesia quiliasmistas, **San Justino de Roma** ofrece un testimonio crucial respecto al Juicio de Fuego del que se habla en **Mateo 3:11–12**. Él afirma que este bautismo de fuego está asociado con la Segunda Venida de Cristo, no con la Primera. Cita la conocida declaración profética de Juan el Bautista:

"Yo a la verdad os bautizo en agua para arrepentimiento; pero el que es más poderoso que yo ha de venir, de quien no soy digno de llevar el calzado; Él os bautizará en Espíritu Santo y fuego. Su aventador está en Su mano, y limpiará completamente Su era; recogerá el trigo en el granero, pero quemará la paja con fuego que nunca se apagará".

San Justino explica que esta profecía corresponde al segundo advenimiento, diciendo claramente:

ESPERANZA MÁS ALLÁ DE LOS ELEGIDOS

"Porque los profetas han anunciado dos advenimientos de Él: el primero, que ya ha pasado, cuando vino como Hombre despreciado y sufriente; pero el segundo, cuando, según la profecía, vendrá del cielo con gloria, acompañado de Su hueste angélica; cuando también resucitará los cuerpos de todos los hombres que hayan vivido, y revestirá de inmortalidad a los de los dignos, y enviará a los de los impíos, dotados de sensibilidad eterna, al fuego eterno junto con los demonios malvados".

Esta ubicación del juicio en la Segunda Venida es significativa porque, según el marco del quiliasmo de San Justino, existe un claro intervalo de mil años entre la Primera Resurrección (para los elegidos) y la resurrección general (para todos los demás). Él escribe:

"Pero yo, y otros que somos cristianos de recto entendimiento en todas las cosas, estamos seguros de que habrá una resurrección de los muertos y mil años en Jerusalén, la cual entonces será edificada, adornada y engrandecida, tal como lo declaran los profetas Ezequiel e Isaías y otros… y que después de esto tendrá lugar también la resurrección general y, en resumen, el juicio eterno de todos los hombres".

Por lo tanto, a la luz de la propia secuencia escatológica de San Justino, **Mateo 3:11–12** y su imagen de juicio por fuego podrían señalar no la resurrección final del cuerpo, sino un juicio en el Mundo Espiritual que ocurre entre las dos resurrecciones. El trigo recogido en el granero podría referirse a los elegidos, mientras que la paja quemada con fuego inextinguible simbolizaría a los impíos. Y si algunos de entre la "paja" son después redimidos a través del proceso purificador que implica el "fuego", estos no serían los elegidos —quienes no tienen condenación (**Juan 5:24**)— sino una clase completamente distinta, encajando en el modelo de salvación de los no elegidos.

San Justino refuerza esta línea de tiempo con otra declaración profunda acerca de la transformación final de los fieles. Al explicar el **Salmo 82:1** — "Dios está en la reunión de los dioses; en medio de los dioses juzga"— señala que estos "dioses" son los cristianos glorificados, aquellos transformados después de la Segunda Resurrección. Él escribe:

"Escuchad, señores, cómo el Espíritu Santo habla de este pueblo, diciendo que todos son hijos del Altísimo; y cómo este mismo Cristo estará presente en su asamblea, impartiendo juicio a todos los hombres".

Esto ocurre después del Milenio y demuestra que aun entre los salvos hay rangos y momentos distintos de transformación: solo aquellos que habitan con Cristo durante los 1000 años reciben la gloria más alta de ser Su

Esposa, mientras que otros, resucitados después, pueden alcanzar vida en un estado secundario o inferior.

Así, si algunos son purificados por el fuego entre la Primera y la Segunda Resurrección, pero no son glorificados como los elegidos, necesariamente pertenecerán a los no elegidos; y su salvación, aunque real, será de una herencia menor, fuera de las bendiciones de la primera resurrección y del reinado milenial.

Tertuliano establece una clara distinción entre aquellos que son verdaderamente cristianos salvos y aquellos que solo aparentan creer, afirmando que ningún verdadero cristiano —es decir, aquel que posee una fe estable y genuina— es bautizado con fuego. Más bien, explica que el bautismo de fuego está reservado para aquellos cuya fe es débil o fingida, relacionándolo con un contexto de juicio y no de recompensa. Él escribe:

"La fe verdadera y estable es bautizada con agua, para salvación; la fe fingida y débil es bautizada con fuego, para juicio".

Esto sugiere que el fuego no forma parte de la santificación del creyente, sino que es una forma de juicio punitivo o correctivo, muy probablemente experimentado en el Mundo Espiritual y no en esta vida. De ser así, cualquiera que sea salvo después de soportar este bautismo de fuego no podría pertenecer a los elegidos. Según la parábola del sembrador en el Evangelio, incluso el creyente que da fruto al treinta por uno —definido como **"buena tierra"**— no es presentado como alguien que pase por un juicio post-mortem (**Marcos 4:8**). A la luz de esto, aquellos que son juzgados por fuego y aun así salvos podrían ser individuos no elegidos. La identificación que hace Tertuliano de la "fe fingida" con el juicio de fuego también plantea una cuestión: ¿cómo podría alguien tener una "fe fingida" y aun así ser contado entre los elegidos? La implicación es que tales almas quizás no sean creyentes en absoluto, y sin embargo podrían ser refinadas y salvadas mediante el fuego post-mortem, coincidiendo con la idea de la salvación de los no elegidos.

Esta interpretación recibe un peso adicional a partir de otra declaración en la que Tertuliano describe un escenario de juicio en el Mundo Espiritual. Él advierte que el Juez puede "entregarte a la prisión del infierno, de la cual no habrá liberación hasta que aun la más pequeña de tus faltas haya sido pagada en el período anterior a la resurrección". Esto describe un juicio temporal —no una condenación eterna—, pero que solo termina en la resurrección, dando a entender que un alma puede salir del infierno purificada, aunque solo después de soportar el castigo.

ESPERANZA MÁS ALLÁ DE LOS ELEGIDOS

Mientras que otros Padres de la Iglesia, como **San Ireneo**, parecen sugerir que la última trompeta (**1 Corintios 15:52**) o **Juan 5:28–29** podrían referirse únicamente a una resurrección general de justos e impíos, Tertuliano sostiene de manera única un modelo de resurrección gradual. Él cree que los mismos cristianos resucitan en distintos momentos a lo largo de los 1000 años, dependiendo de su mérito. Él declara:

"Dentro de [los mil años] se completa la resurrección de los santos, quienes resucitan antes o después según sus méritos".

Esto significa que no todos los elegidos resucitan al mismo tiempo, y algunos podrían resucitar bastante tarde, tal vez incluso al final de los 1000 años.

Pero tal modelo plantea un problema. Aquellos que resuciten al final del Milenio necesariamente se perderían las Bodas del Cordero, las cuales concluyen con el cierre de los 1000 años (**Apocalipsis 19:7–9**). Esta ausencia los descalifica para ser parte de la Esposa, la cual la Escritura identifica claramente como aquellos que están preparados a la venida de Cristo (**cf. Mateo 25:10**). Por lo tanto, el modelo de Tertuliano —a pesar de asignar una resurrección tardía a los creyentes débiles o carnales— sugiere que estos no forman parte de los elegidos. Sus declaraciones adicionales implican que incluso algunas almas rescatadas del Hades serán transformadas después de la resurrección: "El que ya ha atravesado el Hades está destinado también a obtener el cambio después de la resurrección… la carne ciertamente resucitará, y… asumirá la condición de los ángeles".

De ser así, estos individuos no son glorificados junto con el primer grupo de santos, pero aun así obtienen vida, siendo transformados en inmortales —un evento que él vincula con **Juan 5:28–29**. Tertuliano lee ese pasaje de manera literal y sin dividirlo en dos resurrecciones separadas por mil años: "Todos los que están en los sepulcros oirán la voz del Hijo de Dios y saldrán: los que hicieron lo bueno, a resurrección de vida; y los que hicieron lo malo, a resurrección de condenación". Él enfatiza que estos versículos se refieren a sepulcros corporales literales y no meramente a "estados" alegóricos".

Finalmente, **Tertuliano** afirma que carne y sangre no pueden heredar el reino de Dios, no por su sustancia, sino a causa del pecado. Sin embargo, aun aquellos que resucitan para juicio —y no para el reino— resucitarán en la carne: "Hay incluso una confirmación de la resurrección general de la carne cada vez que una resurrección especial es exceptuada… siendo en consideración de los méritos de los hombres que se establece una diferencia en su resurrección según su conducta en la carne".

Así, aquellos que no son aptos para el reino aún pueden ser resucitados, experimentar el juicio en el Mundo Espiritual y posiblemente ser salvos, aunque no como los elegidos.

Esto constituye un firme testimonio patrístico en Tertuliano de que la salvación de los no elegidos es al menos posible, por medio de un juicio purificador post-mortem, distinto de la glorificación de los elegidos y de su exclusión de la ira.

San Ireneo de Lyon afirma solamente dos advenimientos de Cristo, oponiéndose directamente a las modernas teorías del rapto pre-tribulacional que insertan una venida secreta. Él identifica el **Juicio de Fuego de Mateo 3:11–12** con la Segunda Venida, cuando Cristo vuelve con poder para "limpiar Su era". Este lenguaje indica con fuerza que el "bautismo con fuego" comienza su obra en la Segunda Venida —no como un rapto invisible, sino como un acontecimiento visible y que sacude al mundo.

Él escribe que Cristo vendrá "trayendo el día que arde como un horno... teniendo en Su mano el aventador, y limpiando Su era, y reuniendo el trigo en Su granero, pero quemando la paja con fuego inextinguible".

Esto muestra un doble efecto de ese fuego: reunir el trigo (claramente los creyentes) y quemar la paja (claramente los impíos). Sin embargo, la frase "limpiando Su era" indica el inicio de un proceso más que una separación inmediata y total. Esto abre la posibilidad de que algunos de entre la "paja" puedan aún ser purgados y más tarde reunidos, no en la resurrección de los elegidos, sino en una etapa posterior. En este caso, el fuego no sería enteramente destructivo, sino que podría tener una función purificadora para algunos, especialmente si se considera junto al testimonio de otros Padres de la Iglesia que hablan de una purificación post-mortem. Ireneo luego describe cómo la Primera Resurrección comienza inmediatamente después de que Cristo destruya al Anticristo, dando inicio al reinado milenial.

Él explica: "Entonces el Señor vendrá del cielo... enviando a este hombre [el Anticristo] y a los que lo siguen al lago de fuego; pero trayendo para los justos los tiempos del reino, es decir, el reposo, el santo séptimo día".

Este reino es el prometido Sábado Milenial, un reinado de 1000 años en la tierra en el cual solo los justos —aquellos que toman parte en la Primera Resurrección— vivirán y reinarán con Cristo (**Apocalipsis 20:4–6**).

Pero el hecho de que Cristo comience a limpiar Su era durante Su Segunda Venida deja abierta la idea de que no todos son lanzados de inmediato al fuego final. La imagen del trigo y la paja no concluye en la Segunda Venida, sino que allí comienza. La implicación es que la separación de la humanidad incluye etapas de juicio y purificación, lo cual es consistente con la posibilidad de salvación de los no elegidos, especialmente para aquellos que no son hallados dignos de resucitar en la primera resurrección, pero que aun así podrían ser salvos después.

Esta línea de tiempo se aclara aún más cuando Ireneo distingue entre el reino milenial y los Nuevos Cielos y la Nueva Tierra. Él explica que la apariencia de este mundo pasa una vez que el Milenio se ha completado. Solo entonces desciende la nueva Jerusalén. Él escribe: "Cuando estas cosas… hayan pasado por encima de la tierra, Juan… dice que la nueva Jerusalén desde lo alto [entonces] descenderá, como una novia ataviada para su esposo… y que este es el tabernáculo de Dios, en el cual Dios habitará con los hombres".

La antigua Jerusalén, donde los santos reinan durante el Milenio, es solo un tipo—un ámbito disciplinario—en el cual los justos son preparados para la incorrupción.

Obsérvese que nada es alegorizado. Él rechaza explícitamente las interpretaciones simbólicas o espiritualizadas: "Nada es susceptible de ser alegorizado, sino que todas las cosas son firmes, verdaderas y sustanciales".

Esto significa que la purificación, el reino milenial y la nueva Jerusalén son entendidos como realidades literales y progresivas. Primero viene la destrucción del Anticristo, luego la resurrección de los justos, después la purificación y la disciplina durante el Milenio y, finalmente, una vez que todas las cosas son hechas nuevas, la vida eterna en la ciudad de Dios.

Este orden de acontecimientos da peso a la idea de que no toda purificación se completa en la Segunda Venida. Más bien, el acto de Cristo de limpiar Su era podría extenderse a lo largo del tiempo durante los 1000 años, especialmente para aquellos que están fuera de la primera resurrección. Mientras que los elegidos son recogidos en el granero de inmediato (Lucas 3:17), el resto puede pasar por un juicio o disciplina de fuego, ya sea durante el Milenio o en el juicio del **Gran Trono Blanco**, apuntando nuevamente a la posibilidad de una purificación post-mortem y de la salvación de los no elegidos.

Esta extensa cita de San Ireneo de Lyon, al ser examinada con detenimiento, fortalece de manera significativa la posibilidad de la salvación de los no elegidos durante el Reinado Milenial, particularmente al vincular el "Bautismo con Fuego" de **Mateo 3:11–12** con un proceso de juicio progresivo en lugar de un único momento de condenación eterna. Examinemos ahora sus principales implicaciones teológicas, manteniéndonos en el sentido literal de las palabras usadas y en el modelo profético del quiliasmo.

San Ireneo comienza relacionando el fin de la figura de este mundo con la recolección del fruto en el granero y la quema de la paja con fuego, una alusión directa a **Mateo 3:12** y a **Malaquías 4:1**. Él identifica esta secuencia de acontecimientos como parte de la Segunda Venida de Cristo, que conduce al Reino Milenial, confirmando una vez más que la limpieza de la era mediante fuego no es instantánea, sino que se extiende a lo largo de esos 1000 años.

Él escribe explícitamente: "Cuando llegue el tiempo de su desaparición, a fin de que el fruto, en verdad, sea recogido en el granero, pero la paja, dejada atrás, sea consumida por el fuego... Él os bautizará con el Espíritu Santo y con fuego, teniendo Su aventador en la mano para limpiar Su era."

Esto implica con fuerza que el proceso de separación y purificación abarca un período de tiempo, no un solo momento. Y aún más significativo, añade que la voluntad libre del hombre lo lleva a ser trigo o paja, concepto que encaja perfectamente con la posibilidad de que alguien, aunque inicialmente paja, pueda ser transformado en trigo mediante el arrepentimiento y la acción de este fuego.

Esto se alinea estrechamente con otra de sus citas: "Como el fuego hace con la paja, pero purifica a todos los que son salvos, como el aventador hace con el trigo". Aquí, el fuego se muestra actuando en dos modos diferentes:

1. **Destructivo** para la paja, y
2. **Purificador** para el trigo.

Esto armoniza naturalmente con **1 Corintios 3:15**: *"él mismo será salvo, aunque así como por fuego"*, apuntando a un efecto salvífico del fuego divino, no reservado únicamente para los elegidos, sino potencialmente aplicable también a otros fuera de esa clasificación.

Reflexión intercalada: Si el fuego en este contexto es a la vez destructivo y purificador, y esta purificación tiene lugar durante el Reinado Milenial, entonces esto confirma la posibilidad de que algunos de entre las naciones —incluso aquellos que no fueron parte de la Primera Resurrección— puedan ser salvos por medio de este fuego. Estos no formarían parte de la Iglesia, los Elegidos, quienes ya están glorificados y transformados (ya no son carne y sangre, **1 Corintios 15:50**), sino más bien otros que son juzgados después y aun así alcanzan misericordia.

Esto se ve reforzado por el hecho de que **Apocalipsis 21:6** y **22:17** hablan de aquellos que tienen sed siendo invitados a beber gratuitamente del

Agua de la Vida; y esta invitación proviene de la Esposa (es decir, la Iglesia) hacia los que están fuera de ella. Si la Iglesia ya está glorificada y reinando, la invitación necesariamente se dirige a aquellos que todavía están en necesidad de salvación, probablemente juzgados y purificados durante o después del Milenio. En otras palabras, la salvación post-milenial es ofrecida a aquellos que llegan a desearla: *"El que quiera, tome del agua de la vida gratuitamente"*.

Apoya aún más esta posibilidad la cita atribuida a San Ambrosio de Milán:

> "Bienaventurado el que tiene parte en la primera resurrección, porque tales llegan a la gracia sin el juicio. En cuanto a los que no llegan a la primera, sino que son reservados para la segunda resurrección, estos serán disciplinados hasta los tiempos que les han sido señalados, entre la primera y la segunda resurrección".

Esta distinción entre la primera y la segunda resurrección concuerda con **Apocalipsis 20** y con el modelo del quiliasmo. El primer grupo (los Elegidos) reina con Cristo, escapando por completo del juicio (**Juan 5:24**), mientras que el segundo grupo (aquellos que no participan en la primera resurrección) son disciplinados, no destruidos, durante el Milenio; otro claro indicio de la posibilidad de salvación de los no elegidos por medio de la purificación.

Además, cuando Ireneo dice que el hombre puede llegar a ser trigo o paja debido a su libre albedrío, esto abre la puerta para que algunos que inicialmente eran paja se arrepientan y se conviertan, especialmente bajo el juicio divino y el gobierno visible de Cristo durante los 1000 años. Esto es coherente con Juan 6:40, donde Cristo afirma que "todo aquel que ve al Hijo y cree en Él tenga vida eterna", y esto se refiere a ser resucitado en el Día Postrero, no necesariamente en la Primera Resurrección. Esto sugiere que el ver y creer puede ocurrir durante el Milenio, una vez que Cristo haya regresado, lo cual se aplicaría lógicamente a aquellos que están fuera de la Iglesia y que se arrepientan en ese tiempo.

Finalmente, San Ireneo reafirma la resurrección corporal "a la final trompeta" (**1 Corintios 15:52**), no como mera alegoría espiritual, y la conecta con **Juan 5:28–29**, donde tanto justos como impíos son resucitados para vida o para juicio. Esta doble resurrección al final del Milenio corresponde a **Apocalipsis 20:11–15**. Pero sus comentarios acerca de aquellos que se opusieron a Cristo siendo resucitados en cuerpos idénticos —no glorificados— señalan a un grupo distinto de la Esposa, la cual fue glorificada mil años antes.

Si ese grupo incluye a las **"ovejas sorprendidas"** (**Mateo 25:31–40**), juzgadas por cómo trataron a Sus Hermanos, entonces no eran cristianos (pues Sus Hermanos son los cristianos). Esto vuelve a implicar una salvación post-milenial que no se basa en la fe durante la vida mortal, sino en actos de misericordia y, tal vez, en una fe nueva encendida al ver a Cristo durante el juicio.

Esta cita de San Ireneo de Lyon apoya profundamente la estructura teológica para la posibilidad de la salvación de los no elegidos, fundamentada en la profecía literal del Quiliasmo. Muestra un proceso de juicio y purificación posterior a la Segunda Venida, que se extiende a lo largo del Milenio y culmina en que algunos sean salvos después de haber soportado el fuego del juicio. Estos no forman parte de la Esposa, pero pueden llegar a ser ciudadanos de la tierra renovada bajo el gobierno eterno de Cristo, bebiendo gratuitamente del agua de la vida.

La extensa reflexión de San Clemente de Alejandría sobre **Mateo 3:11–12** —junto con los temas relacionados del pastoreo de Cristo, el Fuego del Juicio y la disciplina de los pecadores— parece respaldar la posibilidad de la salvación de los no elegidos, aunque él nunca la enseña explícitamente como dogma. Sin embargo, su lenguaje e imágenes ofrecen un marco coherente con los Padres de la Iglesia quiliasmistas anteriores, como San Justino e Ireneo, especialmente en lo que se refiere a la purificación post-mortem en el mundo espiritual y a la clara distinción entre los Elegidos y Otros dentro de los salvos.

Examinemos con atención y saquemos las implicaciones de cada parte de esta cita, comenzando con su comprensión de la imagen del aventador y el fuego en **Mateo 3:12**:

> "Su aventador está en su mano, y limpiará su era; y recogerá su trigo en el granero, y quemará la paja en fuego… Danos de comer, a nosotros los hijos, como ovejas… en Tu santo monte, la Iglesia, que… toca el cielo".

Este lenguaje claramente presenta una imagen doble. Por un lado, los Elegidos son presentados como hijos/ovejas que ya están siendo alimentados en el cielo, descritos metafóricamente como la Iglesia que se eleva por encima de las nubes, una imagen probable de la Iglesia glorificada, Su Esposa. Por otro lado, la separación del trigo de la paja por medio del fuego implica un juicio post-mortem que continúa fuera de ese redil celestial, afectando a otros —quizás aún redimibles—.

Lo que sigue desarrolla aún más esta distinción:

ESPERANZA MÁS ALLÁ DE LOS ELEGIDOS

> "Prometiendo dar Su vida en rescate por muchos... cuando podía haber sido Señor, quiso ser un hermano de los hombres..."

Clemente subraya el don universal de Cristo: no para pocos (lo que describiría a los Elegidos, **cf. Mateo 7:14**) sino para muchos, reflejando Mateo 20:28. El tono aquí se inclina hacia una salvación humana general, especialmente cuando dice:

> "Para que no continuemos indomables y pecadores hasta el fin, y así caigamos en condenación, sino que seamos separados de la paja y guardados en el granero paterno".

Aquí, él deja abierta la posibilidad de que algunos que ahora son pecadores indomables no permanezcan así, sino que sean separados de la paja en el momento del juicio. Esta separación se representa como algo que ocurre en el momento de la condenación, no antes; por lo tanto, posiblemente después de la muerte. Esto sugiere un fuego refinador —no necesariamente una destrucción eterna— para algunos que no fueron fieles en esta vida.

La percepción más profunda de Clemente se desarrolla cuando compara a los hombres con hierro forjado en el yunque, sanados mediante "represión y censura", e incluso por medio de amenaza y disciplina. Él escribe:

> "Algunos son difíciles de curar y, como el hierro, son trabajados y moldeados con fuego, martillo y yunque... mientras que otros... crecen por medio de la alabanza".

Esta comparación divide explícitamente a las personas en dos grupos: **(1)** aquellos que son salvos mediante la represión y el fuego, y **(2)** aquellos que son salvos por la fe y la virtud.

Esta división corresponde a: **(1)** los posibles no elegidos que son salvos a través del juicio, y **(2)** los elegidos que son salvos por la fe sin necesidad posterior de purificación. La implicación es clara: la salvación no se alcanza por el mismo camino para todos.

Esta interpretación se refuerza en su pasaje más misterioso:

> "Y también hay otras ovejas... consideradas dignas de otro redil y morada, en proporción a su fe... él debe despojarse de las pasiones... Los mayores tormentos, en verdad, son asignados al creyente... los castigos cesan... en la expiación y purificación de cada uno".

Aquí, Clemente describe explícitamente una purificación en la vida después de la muerte. Pueden hacerse varias observaciones clave:

1. El "otro redil" no es la Iglesia. Se describe como "otra morada", más baja e inferior.
2. Los que están en este redil aún reciben la misericordia de Dios, pero pasan por tormentos —no eternos, sino purificadores y expiatorios—.
3. Esto sucede después de que "dejan la carne", es decir, post-mortem, en el Mundo Espiritual.
4. Su dolor final es permanente porque no son glorificados como los Elegidos y se pierden esa unión, aunque no son destruidos.

Estos no son "no salvos" en el sentido de una condenación eterna, pero están claramente excluidos de la Iglesia glorificada. Esa separación —de los glorificados hacia el redil menor— encaja con la posibilidad de la salvación de los no elegidos, donde algunos son redimidos por el fuego pero no llegan a formar parte de la Esposa.

Finalmente, Clemente reúne todo esto bajo el tema del Rescate de Cristo por muchos; nuevamente, no solo por unos pocos. Él parece sugerir que los Elegidos son los pocos, la Esposa, mientras que los muchos incluyen a las otras ovejas, disciplinadas y purificadas, y colocadas en una condición separada, aunque todavía bienaventurada.

Esto confirma el marco del modelo del quiliasmo:

- La Esposa participa en la Primera Resurrección y entra en el reino celestial.
- Los otros, fuera del redil glorificado de la Iglesia, pasan por una purificación post-mortem y pueden recibir salvación por medio del fuego, como las "ovejas de otro redil".
- Estos pueden ser aquellos insinuados en **Apocalipsis 22:17**, donde la Esposa llama a los que aún tienen sed para que tomen gratuitamente del agua de la vida.
- El propio lenguaje de Clemente, al comparar la disciplina y la purificación con la sanidad y el ser moldeados de nuevo, revela la misericordia correctiva de Dios, no un tormento eterno.

Esta cita puede no probar de manera concluyente la salvación de los no elegidos, pero sin duda ofrece un fuerte apoyo teológico para su posibilidad a la luz de la fe posapostólica, especialmente cuando se combina con las enseñanzas de San Justino, San Ireneo y otros.

ESPERANZA MÁS ALLÁ DE LOS ELEGIDOS

Esta conclusión armoniza los muchos hilos tomados de los escritos cristianos primitivos, de las profecías bíblicas y del testimonio coherente de los Padres de la Iglesia quiliasmistas, resultando en una posibilidad fuerte y razonada para la salvación de los no elegidos mediante el **Bautismo de Fuego**. Restemos y consolidemos el marco teológico y profético que sustenta esta conclusión.

La doctrina del **"Bautismo de Fuego"**, cuando se lee de manera sencilla en **Mateo 3:11–12**, fue tomada literalmente por los primeros padres para describir un fuego de juicio y purificación que no se inicia en Pentecostés, sino en la Segunda Venida de Cristo. Este fuego purificador no es meramente simbólico; separa, prueba, refina e incluso salva—no de inmediato en todos los casos, sino después de un tiempo de purificación, ya sea en el Hades o en el Mundo Espiritual, y durante el Reinado Milenial de Cristo, culminando en el Juicio del Gran Trono Blanco.

San Justino de Roma, San Ireneo de Lyon, Tertuliano, San Gregorio Nacianceno, San Ambrosio de Milán y San Clemente de Alejandría—ya sea que cada uno viera los detalles de manera idéntica o no—dan credibilidad a esta comprensión más amplia. No todos especifican cuándo o cómo ocurre esta "salvación por fuego", pero al reunir su testimonio, se dibuja un sólido panorama profético:

Tertuliano habla de que los fieles son bautizados "en fuego para juicio" si su fe es fingida o débil, vinculando ese juicio directamente con una prisión en el Mundo Espiritual de la cual uno es liberado solo después de pagar completamente. Él sugiere que algunos resucitan tarde en la Primera Resurrección, posiblemente solo después de haber pasado por ese proceso de purificación, perdiéndose así las Bodas del Cordero.

San Ireneo, mientras enfatiza los dos advenimientos de Cristo, conecta el fuego de **Mateo 3:12** con Su Segunda Venida, situando la limpieza de Su era (es decir, del mundo) y la quema de la paja dentro del Reinado Milenial. Sus propias palabras sostienen que parte del trigo es purificado—no solo recogido—y que esta purificación puede extenderse a lo largo de todo el reinado de Cristo. Su negativa a alegorizar y su insistencia en una resurrección literal en forma corporal confirman además que algunos son salvos después del fuego durante este reino terrenal.

San Gregorio Nacianceno afirmó que el bautismo por fuego puede beneficiar incluso a aquellos que no fueron bautizados en agua, aplicándolo como un evento purificador post-mortem, no como una condenación final.

San Clemente de Alejandría, quizás el más explícito en este punto, diferencia entre los Elegidos —aquellos ya glorificados y alimentados en la Jerusalén celestial— y otros, las "ovejas de otro redil" que sufren "gran tormento" y purificación después de dejar la carne. Él describe su destino como un redil separado y menor —no como destrucción—, lo cual implica una salvación de los no elegidos distinta de la Esposa elegida.

San Ambrosio de Milán, aunque algo posterior, afirma la existencia de dos resurrecciones: una de los bienaventurados sin juicio, y otra de aquellos que son disciplinados y purificados entre la primera y la segunda resurrección. De esta manera ofrece una clara confirmación estructural de la posibilidad de que algunos sean salvos durante los 1000 años, y no antes.

Incluso **Isaías 24:20–23**, una profecía claramente quiliasta, respalda esta secuencia. La tierra es sacudida, los reyes son castigados, los prisioneros son encerrados en la cárcel durante el reinado del Señor en el monte Sion, y luego —después de muchos días— son visitados. La palabra **"visitados"** (פָּקַד *paqad*) puede significar inspeccionar, castigar o incluso liberar, dejando espacio para la interpretación de que algunos prisioneros son liberados después, en armonía con una purgación que conduce a la salvación.

Zacarías 13:8–9 ofrece más detalle acerca de este Fuego Milenial, haciendo énfasis en un proceso de refinamiento. Dos tercios perecen, pero un tercio es pasado por el fuego, y finalmente invoca el Nombre de Jehová; esto describe claramente la salvación de algunos que son purificados, no condenados.

Esto respalda la idea de que parte del trigo solo es recogido después de la purificación, encajando con la descripción de **1 Corintios 3:15**: *"él mismo será salvo, aunque así como por fuego"*. Tal persona no recibe recompensa, pero sí recibe misericordia.

Por último, **Apocalipsis 22:17** presenta a la Esposa (la Iglesia Elegida) ya glorificada, pero todavía llamando a los sedientos —los que aún no son salvos— para que tomen del Agua de la Vida gratuitamente. Esto es consistente con Juan 6:40, donde "todo aquel que ve al Hijo y cree en Él" todavía puede ser resucitado en el Día Postrero. Si el Día Postrero abarca los 1000 años del Reinado de Cristo, como enseña el quiliasmo, entonces algunos creerán después de ver, y serán salvos, aunque como no elegidos.

Por lo tanto, mientras que la Salvación de los Elegidos corresponde a la Primera Resurrección (**Apocalipsis 20:4–6**), a la glorificación y a la herencia celestial, el Bautismo de Fuego puede ser el mecanismo mediante el cual algunos de entre los no elegidos son finalmente salvos por la Misericordia de

Dios después del juicio. Esta posición no contradice las Escrituras, sino que más bien complementa el testimonio literal y coherente de los primeros Padres de la Iglesia.

RESUMEN

Siempre que en este capítulo no se incluya una cita de un Padre de la Iglesia quiliasta para un versículo bíblico en particular, se debe a que no se pudo ubicar ninguna cita directa para esa referencia. En cada uno de esos casos he actuado con cautela para evitar una interpretación privada de la profecía, procurando siempre dar prioridad al testimonio histórico de los escritos cristianos primitivos.

Las interpolaciones presentadas en este capítulo son descubrimientos originales que resultan de una investigación independiente y un análisis directo de las fuentes primarias disponibles. Si existieran publicaciones en otros lugares con puntos de vista similares usando el mismo lenguaje o sentido doctrinal, tal coincidencia sería puramente accidental, ya que nada de lo aquí contenido ha sido copiado ni plagiado.

Partes de esta discusión también abordan interpretaciones comúnmente sostenidas entre ciertos grupos protestantes, como las posiciones post-tribulacionistas de algunos teólogos reformados. Sin embargo, este ensayo pone énfasis en posturas previamente no exploradas o raramente defendidas, tales como:

1. Se implica la existencia de dos clases de cuerpos de resurrección final: celestiales (Elegidos) y terrenales (No Elegidos), cada uno adecuado para su respectiva herencia: uno en los Nuevos Cielos y el otro en la Nueva Tierra.

2. Dos grupos distintos participan del Agua de la Vida, separados por el Reinado Milenial de Cristo. Los Elegidos la reciben al inicio del Milenio (**Apocalipsis 21:6**), y un segundo grupo —los "sedientos"— la recibe al final (**Apocalipsis 22:17**), posiblemente aquellos que estaban en tinieblas y prisión (**Isaías 49:9–10**) y que reciben misericordia después del Juicio en el Mundo Espiritual.

3. El lenguaje de resurrección de **Juan 5** se entiende mejor con referencias parabólicas de tiempo: "la hora viene, y ahora es" se refiere al inicio del Milenio, y "la hora viene" a su final. La "hora" es un segmento dentro del "Día Postrero", que abarca todo el reinado de 1000 años.

4. Las parábolas de **Mateo** sobre el juicio del "último cuadrante" pueden dar lugar a la posibilidad de la salvación de los no elegidos, ya que muchos

Padres de la Iglesia reconocieron que se trataba de castigos correctivos postmortem. Si incluso siervos malvados e incrédulos (**Lucas 12:46–48**) pueden recibir castigos diferentes, entonces algunos podrían ser salvos por medio del fuego, si así lo quiere Dios.

5. 1 Tesalonicenses 4:17 y **1 Corintios 15:52** describen dos eventos distintos, separados por 1000 años: el primero en la Segunda Venida de Cristo (Rapto y Primera Resurrección) y el segundo al final del Milenio, vinculado a la Segunda Resurrección.

6. La humanidad se divide en tres categorías: justos, pecadores y malvados, y no simplemente en una dicotomía de salvos vs. condenados. Esta clasificación triádica permite la existencia de un grupo intermedio que podría ser salvo, pero no glorificado, asignado a la Nueva Tierra en lugar de los Nuevos Cielos.

7. La doble respuesta de **Mateo 19** al joven rico puede distinguir entre la salvación de los no elegidos (los mandamientos referentes al prójimo) y la salvación de los elegidos (un llamado superior al discipulado, a la negación de uno mismo y a la Doctrina de la Caridad). La respuesta de Cristo implica grados de salvación; no se trata de salvación por obras, sino según la capacidad de seguirle, ya sea por la fe o por creer después de ver.

8. El Libro de **1 Enoc**, visto a través de una perspectiva quiliasta, podría situar su profecía de cambio al final de los 1000 años (el Día del Juicio), y no al principio. La segunda resurrección es una resurrección corporal para juicio, donde algunos son salvos sin honor, en distinción de los Elegidos glorificados.

9. *El Pastor de Hermas*, considerado como Escritura por los primeros cristianos durante mucho tiempo, puede referirse a una salvación fuera de la Torre, lo que sugiere una salvación de los no elegidos en la Nueva Tierra. Esto incluye a oyentes no bautizados que cayeron en maldad y que, aun así, podrían recibir misericordia. La oposición de Tertuliano al Papa Calixto I en este asunto puede reflejar su incomodidad con tales implicaciones, pero confirma que este pasaje ya era bien conocido.

10. El "ser salvo así como por fuego" de **1 Corintios 3:15** es interpretado aquí de manera novedosa para referirse a alguien que no recibe ninguna recompensa en absoluto, no encajando ni siquiera en la cosecha más baja del treinta por uno (**Mateo 13:8**). Esto difiere de aquellos que sí reciben recompensa (**1 Corintios 3:14**) y representa potencialmente la salvación de los no elegidos. Esto se vincula con el Bautismo de Fuego de **Mateo 3:11–12**, tal como lo elaboran los Padres de la Iglesia.

ESPERANZA MÁS ALLÁ DE LOS ELEGIDOS

11. Apocalipsis 21 y **Apocalipsis 22** pueden contener tres categorías: la salvación de los Elegidos, la salvación de los no elegidos y los condenados, contrariamente a las lecturas comunes que solo ven dos. En la "Escena Final" (**Apocalipsis 22:17**), la Esposa llama a los sedientos, distintos de los incrédulos que son lanzados al Lago de Fuego (**Apocalipsis 21:8**), lo que quizás sugiera que algunos que desean la salvación aún reciben la oferta del Agua de la Vida.

12. Las "ovejas que no son de este redil" de **Juan 10:16** pueden representar a los que son salvos en la Segunda Resurrección, es decir, el Redil 2, en contraste con el Redil 1, los Elegidos que participan en la Primera Resurrección. Esta visión incluso corrige otras posiciones quiliastas que afirman que todos los de la Segunda Resurrección son condenados. Este nuevo modelo explica la sorpresa de estas "ovejas" en el Día del Juicio (**Mateo 25:31–40**), quienes no sabían que estaban sirviendo a Cristo a través de su caridad hacia Sus hermanos.

Como reflexión final, el **Salmo 19:12** recoge el espíritu de este esfuerzo de investigación: **¿Quién podrá entender sus propios errores? Líbrame de los que me son ocultos"**.

He procurado exponer la doctrina con sencillez y verdad, señalando con cuidado qué corresponde a la Escritura, qué al testimonio patrístico y qué a la interpolación personal. Someto todo con humildad, sabiendo que, si estas interpretaciones son falsas, deben caer por sí mismas; y si son verdaderas, deben sujetarse al juicio de la Escritura y a la justicia de Dios.

Jonathan Ramachandran

APÉNDICE
Una Nota Importante sobre la Metodología

Si lo has notado, en estos escritos sobre el quiliasmo no he dicho que estas interpretaciones me hayan sido dadas por la Gracia de Dios, porque no estoy seguro de cuán exactas sean. Si alguna de mis interpolaciones resultara ser falsa en el Día del Juicio, ¿cómo podrían tales errores traer gloria a Dios? Por esta razón, he presentado estas interpretaciones con cautela como posibilidades proféticas personales, no como dogma.

Tal como se ha expresado en escritos anteriores, **Jeremías 23:36–40** permite el concepto de hacer un intento profético, siempre y cuando no se atribuya falsamente a Dios. Si estas cosas resultan correctas en aquel Día, entonces, y solo entonces, atribuiré toda la gloria a Dios por revelarlas en Su misericordia. Hasta entonces, no debo proclamar prematuramente una certeza profética, sino más bien presentar cada punto con el respaldo de las citas de los Padres de la Iglesia quiliastas, para demostrar que cualquier ambigüedad ha sido tratada con integridad a la luz de la historia cristiana preservada. Aquí dejo expuesta mi posición.

Entre las fuentes más intrigantes se encuentran las citas sobre la salvación de los no elegidos en *El Pastor de Hermas*, una obra considerada de nivel casi escritural por San Ireneo de Lyon y Tertuliano, ambos testigos sólidos dentro de la tradición quiliasta. Por ejemplo, en la sección sobre la salvación de los no elegidos (pp. 27–28), incluso el propio Tertuliano luchó con las implicaciones de estos pasajes. Sin embargo, esta misma dificultad prueba que esas secciones controvertidas han sido preservadas fielmente, ya que Tertuliano no niega su autenticidad, sino solo su interpretación.

Obsérvese la respuesta de Tertuliano en su debate con el Papa Calixto I, donde cuestiona *El Pastor de Hermas* debido a su aparente apoyo a algún tipo de salvación para los adúlteros (implícito), y sin embargo —a pesar de su desacuerdo— concluye de la siguiente manera:

> "Pero yo te cedería el terreno, si la Escritura del Pastor, que es la única que favorece a los adúlteros, hubiera merecido encontrar un lugar en el canon divino; si no hubiera sido juzgada habitualmente por todos los concilios de las Iglesias (incluso por

los tuyos) entre los escritos apócrifos y falsos; ... Yo, sin embargo, bebo de las Escrituras de aquel Pastor que no puede ser quebrantado".

Esto es un ejemplo de honestidad académica. Él reconoce su estatus como Escritura a pesar de su incomodidad. Esa es la misma metodología que he seguido: un comentario sobrio, basado en la evidencia, sin exagerar lo que no está claro y siempre fundamentado en documentación verificable. Más allá de que se esté de acuerdo o en desacuerdo con *El Pastor de Hermas*, el rigor histórico permanece intacto.

La misma Biblia muestra que incluso creyentes llenos del Espíritu pueden diferir en doctrina y que pueden surgir desacuerdos intensos. **Hechos 15:1–5** registra una confrontación directa entre hermanos cristianos acerca de la salvación y la Ley de Moisés. Un lado estaba equivocado, y el asunto tuvo que ser llevado ante los apóstoles. Esto prueba que Dios permite temporalmente la diversidad doctrinal, y que Él recompensará la visión más acertada en su debido momento.

Entonces, ¿de qué sirve el prestigio académico si nuestras interpretaciones resultan erróneas—especialmente en asuntos eternos como la salvación de los no elegidos? He procurado fundamentar cada propuesta en citas reales de los Padres de la Iglesia quiliastas, evitando la especulación cuando no existe evidencia primaria. Por eso llamo a estas interpolaciones posibilidades y no doctrinas, a fin de que nadie sea inducido a error.

Se anima a los lectores a examinar los argumentos tanto a favor como en contra de estas afirmaciones, y a mantenerse neutrales si no están seguros. De cualquier manera, son responsables de su respuesta ante la evidencia. Este libro no tiene fuentes ocultas. Ya sea que se hayan tomado de traducciones disponibles en internet o de volúmenes impresos, estas citas son ya bien conocidas y de acceso público, por lo general a través de traducciones estándar al inglés que son aceptadas como fieles a los idiomas originales. A menos que alguien pueda demostrar cómo la lectura en griego o en latín altera el significado de estas citas traducidas, el inglés es suficiente para la interpretación.

En ese mismo sentido, muchas afirmaciones tradicionales —como la aseveración de que San Ireneo de Lyon u otros Padres quiliastas tempranos oraban a la Virgen María— no tienen respaldo en citas de sus propios escritos. Afirmaciones como estas suelen aceptarse sin documentación primaria, basadas en suposiciones editoriales o lecturas tradicionales. En contraste, cada afirmación hecha en este escrito tiene una cita o un rastro de evidencia, y cuando no la hay, la posición está claramente marcada como interpolación o desconocida.

Las revistas académicas de alto nivel a menudo reclaman autoridad por su acceso a manuscritos originales, pero si esos manuscritos no ofrecen respuestas definitivas, las conclusiones que se derivan siguen siendo igualmente especulativas. El verdadero rigor académico no depende del prestigio ni del nombre institucional, sino de una interpretación basada en la evidencia. Todas las afirmaciones deben poder rastrearse hasta el material citado, o de lo contrario no son más que tradiciones de hombres.

Para ilustrar esto, una revista calvinista me respondió una vez a una propuesta con estas palabras:

> "Gracias por su envío. Revisaré este trabajo y le daré una retroalimentación inicial hacia fines de octubre".

A lo que yo respondí:

> "Agradezco su retroalimentación. También podría dar la mía en respuesta a la suya en caso de que lo refute, de manera que ambas posturas estén bien representadas".

Este es el tipo de intercambio justo y abierto que se necesita en el verdadero trabajo académico.

No considero que la supremacía teológica pertenezca a ninguna universidad —ni siquiera a Harvard—, porque los descubrimientos de significado eterno no pueden juzgarse con estándares seculares. **Daniel 12:3** declara que los que enseñan la justicia a muchos brillarán como estrellas para siempre. Ese es el único estándar que cuenta. Dejemos, pues, los juegos de raza, los juegos denominacionales, los juegos de género y el nepotismo, porque el verdadero Juez no toma en cuenta tales cosas.

Si la salvación de los no elegidos resulta ser falsa en aquel Día, aceptaré humildemente la corrección. Mi oración sincera es que todos los que lean esto crean en Cristo, ya sea que esta doctrina sea verdadera o no. Nuestra fe nunca debe descansar en el éxito de una posibilidad especulativa, no sea que se convierta en un ídolo. Sin embargo, agradezco haber traído a la luz estos argumentos detallados, para que, si son incorrectos, quede claro que fue un error cuidadosamente razonado y no una conjetura imprudente.

Un verdadero cristiano se aferrará a Cristo, sea o no verdadera la salvación de los no elegidos. Solo el nivel de recompensa por la exactitud puede verse afectado. Mi trabajo en este escrito se ofrece como un servicio de investigación y, aunque pueda publicarlo comercialmente como libro, considero que las partes de interpolación son dadas gratuitamente en principio, puesto que no puedo verificarlas como verdad infalible.

Si otros pueden beneficiarse de la ficción y la fantasía, ¿qué objeción puede haber en publicar una investigación histórica y teológica sobre la profecía? Este escrito está lleno de citas de los primeros cristianos y de escritos judíos. Aun si las interpretaciones fueran incorrectas, las citas mismas permanecen verdaderas, y Dios juzga con justicia. Que quede claro que he sido honesto respecto a la ambigüedad, fiel al texto y deseoso de ver el Día del Señor.

¡Maranatha! Ven, Señor Jesús. Amén.

¡Gracias por leer esto!

Abreviaturas utilizadas:

CPM = Modelo de Profecía Quiliasmista

NESP = Posibilidad de Salvación de los No Elegidoss

Bibliografía

Ballard, Jordan P. *Defending the Doctrine of Hell. Eleutheria: John W. Rawlings School of Divinity Academic Journal* 8, n.º 2 (2025).

Biblia. Salvo que se indique lo contrario, todas las citas bíblicas se toman de la *Santa Biblia, Nueva Versión King James* (NKJV). Nashville: Thomas Nelson, 1996, c1982. Otras traducciones utilizadas provienen de biblehub.com.

Borchert, G. L. "Matthew 5:48 – Perfection and the Sermon". *Review & Expositor* 89, n.º 2 (1992): 265–269.

Calvino, Juan. *Institución de la religión cristiana*. Editado por John T. McNeill. Louisville: Westminster John Knox Press, 1960. *(Obra original: Institutes of the Christian Religion).*

Carter, John W. (Jack). "The Cost of Discipleship". *The American Journal of Biblical Theology* 26, n.º 12 (3 de marzo de 2025).

Chien, Dinh Van. "Humanistic Thought in Jesus' Sermon on the Eight Beatens." *Pakistan Journal of Life and Social Sciences* 22, n.º 2 (2024): 15165–15170.

Crisóstomo, Juan. *Homilía 46 sobre Mateo*. Traducido por George Prevost y revisado por M. B. Riddle. En *Nicene and Post-Nicene Fathers*, Primera Serie, Vol. 10. Editado por Philip Schaff. Buffalo, NY: Christian Literature Publishing Co., 1888.

Du Toit, Philip La Grange. "The Radical New Perspective on Paul, Messianic Judaism and Their Connection to Christian Zionism". *HTS Theological Studies* 73, n.º 3 (2017): 1–8.

Earnhardt, Matthew P. "Exegetical Study of Matthew 19:16–26". *The American Journal of Biblical Theology* (10 de marzo de 2023).

Feldmeier, R. "As Your Heavenly Father Is Perfect: The God of the Bible and Commandments in the Gospel." *Interpretation* 70, n.º 4 (2016): 431–444.

Herberg, Will. "Judaism and Christianity: Their Unity and Difference. The Double Covenant in the Divine Economy of Salvation." *Journal of Bible and Religion* 21, n.º 2 (1953): 67–78.

Inserra, Dean. *El Cristiano No Convertido: Alcanzando al Cristianismo Cultural con el Evangelio.* Chicago: Moody Publishers, 2019. (Título original: *The Unsaved Christian: Reaching Cultural Christianity with the Gospel).*

Ireneo de Lyon. *Contra las herejías.* Traducido por Alexander Roberts y William Rambaut. En *Ante-Nicene Fathers*, Vol. 1. Editado por Alexander Roberts, James Donaldson y A. Cleveland Coxe. Buffalo, NY: Christian Literature Publishing Co., 1885. *(Título original: Against Heresies).*

Justino de Roma (Justino Mártir). *Diálogo con Trifón.* Traducido por Marcus Dods y George Reith. En *Ante-Nicene Fathers*, Vol. 1. Editado por Alexander Roberts, James Donaldson y A. Cleveland Coxe. Buffalo, NY: Christian Literature Publishing Co., 1885. *(Título original: Dialogue with Trypho).*

———. *Primera Apología.* Traducido por Marcus Dods y George Reith. En *Ante-Nicene Fathers*, Vol. 1. Editado por Alexander Roberts, James Donaldson y A. Cleveland Coxe. Buffalo, NY: Christian Literature Publishing Co., 1885. *(Título original: The First Apology).*

Kolb, Robert y Timothy J. Wengert, eds. *The Book of Concord: The Confessions of the Evangelical Lutheran Church.* Minneapolis: Fortress Press, 2000.

Koplitz, Michael. "Hebraic Analysis for Matthew 19:27–30" (2020).

Korver, Bill Fredric. "Biblical Use of Rewards as a Motivation for Christian Service". Tesis doctoral, Liberty University, 2011.

Lactancio. *Instituciones divinas.* Traducido por William Fletcher. En *Ante-Nicene Fathers*, Vol. 7. Editado por Alexander Roberts, James Donaldson y A. Cleveland Coxe. Buffalo, NY: Christian Literature Publishing Co., 1886. *(Título original: Divine Institutes).*

MacArthur, John. *Difícil de creer: El alto costo y el valor infinito de seguir a Jesús.* Nashville, TN: Nelson, 2003. *(Título original: Hard to Believe: The High Cost and Infinite Value of Following Jesus).*

O'Collins, G. "Difficult Texts: Being Made Perfect According to Matthew 5 and 19." *Theology* 124, n.° 6 (2021): 404–409.

Ramachandran, Jonathan. "Non-Elect Salvation Possibility (NESP)". *The American Journal of Biblical Theology* 26, n.° 6 (9 de febrero de 2025).

Richardson, James. "Quotes from Early Church Fathers: The Sabbath, Lord's Day, and Worship – Apostles Creed." *Apostles Creed*, 10 de agosto de 2016.

Shepherd, Thomas R. "The Parable of the Rich Man and Lazarus: A Narrative-Exegetical Study of Its Relationship to the Afterlife, Wealth, and Poverty – Part 1: The Afterlife". *Journal of the Adventist Theological Society* 32, n.os 1–2 (2021): 171–189.

Stevenson, L. "On the Very Idea of Perfection". *International Journal of Philosophy and Theology* 85, n.os 3–4 (2024): 111–123.

Tanasyah, Yusak. "The Development of Hell from Jewish to Christian Theology: A Biblical Guide to Hell and Its Existence". *QUAERENS: Journal of Theology and Christianity Studies* 4, n.° 1 (2022): 27–41.

Tertuliano. *Tratado sobre el alma*. Traducido por Peter Holmes. En *Ante-Nicene Fathers*, Vol. 3. Editado por Alexander Roberts, James Donaldson y A. Cleveland Coxe. Buffalo, NY: Christian Literature Publishing Co., 1885. *(Título original: A Treatise on the Soul)*.

———. *Respuesta a los Judíos*. Traducido por S. Thelwall. En *Ante-Nicene Fathers*, Vol. 3. Editado por Alexander Roberts, James Donaldson y A. Cleveland Coxe. Buffalo, NY: Christian Literature Publishing Co., 1885. *(Título original: An Answer to the Jews)*.

———. *Sobre el ayuno*. Traducido por S. Thelwall. En *Ante-Nicene Fathers*, Vol. 4. Editado por Alexander Roberts, James Donaldson y A. Cleveland Coxe. Buffalo, NY: Christian Literature Publishing Co., 1885. *(Título original: On Fasting)*.

Vacendak, Robert. "Is Assurance of Salvation of the Essence of Saving Faith in the Gospel of John?" Tesis doctoral, Rawlings School of Divinity, Liberty University, 2023.

Vaught, Carl G. *El Sermón del Monte: Una Interpretación Teológica*. Albany, NY: SUNY Press, 1986. *(Título original: The Sermon on the Mount: A Theological Interpretation)*.

Vries, Simon John De. *From Old Revelation to New: A Tradition-Historical and Redaction-Critical Study of Temporal Transitions in Prophetic Prediction*. Grand Rapids: Wm. B. Eerdmans Publishing, 1995.

Wood, A. Skevington. "The Eschatology of Irenaeus". *The Evangelical Quarterly* 41, n.° 1 (enero–marzo 1969).